D1664372

SIRIA:
GUERRA, CLANES, LAWRENCE.

Jesús Gil Fuensanta,
Ariel José James,
Alejandro Lorca

SIRIA: GUERRA, CLANES, LAWRENCE

*El capitalismo
de familias y el desafío
de la rebelión
en el mundo
Árabe-Musulmán.*

Prólogo de Rafael Estrella

ALGÓN EDITORES
MMXII

Colección Algón N.º 14

Diseño de portada:
Miguel Carini – Guido Carini Espeche

Edita: Algón Editores
Avenida Maracena, 107
18014 Granada
info@algoneditores.es
www.algoneditores.es
ISBN: 978-84-940768-0-0 — D. L.: Gr 3.314-2012
BIC: 1FB
Noviembre de 2012
Compaginación y preimpresión: Portada Fotocomposición, S. L.
Produce: E*tc* […]

Índice

Mapas

A la memoria de las víctimas inocentes, y ante todo innecesarias, en «sociedades democráticas» de Occidente y Oriente.

En recuerdo de los afectados o desaparecidos por desastres medioambientales en Campello, Canarias y todo el resto del mundo.

Agradecimientos

U n agradecimiento muy especial debe ser dado a Annais Pascual, además autora de la fotografía de los tres autores.

No debemos olvidar los comentarios e información recibidos de José Manuel Caturla, Eduardo Crivelli, Jesús García, Carlos Giménez Romero, Carmen Giraldo, Manuel de Juan Espinosa, Rafael Moya, Fernando García Burillo, Ignacio Gómez de Terán, Sharif Ramses, Robert St. John, Juan Manuel González Salazar, José Pere, José Rodríguez «Rodri», Pepe Toni, Luis Tierno, Casa Turca-Madrid y en especial nuestros amigos a ambos lados de la frontera siroturca. Agradecemos la bibliografía proporcionada por José Antonio «Jato» Sanchéz Gimenez (documentalista del Real Instituto Elcano) y William McKinney.

Y no menos importante fue la insustituible mano amiga de nuestra secretaría del MERIGG de la UAM, Aniana Peña.

Prólogo

Oh, East is East, and West is West, and never the twain shall meet,
Till Earth and Sky stand presently at God's great Judgment Seat;
But there is neither East nor West, Border, nor Breed, nor Birth,
When two strong men stand face to face, tho' they come from the ends of the earth!

Ruyard Kipling (The Ballad of East and West)

Estos versos del poema de Kipling «La balada del Este y el Oeste» enuncian una visión que preside el trabajo de los autores, tanto en el presente libro, como en el anterior, *Tribus armas y petróleo*: la existencia de un profundo desconocimiento en el mundo occidental acerca de las características y la naturaleza de las sociedades árabo-musulmanas y, en especial, del *ethos* que rige la vida, las actitudes y las acciones de esas sociedades. Ese desconocimiento se traduce, en la mayoría de los casos, en superficialidad de los análisis que, con frecuencia, deviene en diagnósticos erróneos de consecuencias imprevisibles.

En el poema de Kipling, sus protagonistas, el oficial británico y el ladrón de caballos afgano, acaban llegando a la amistad a través del respeto por el otro: se borran las diferencias «cuando dos hombres fuertes se plantan cara a cara, aunque vengan de los confines de la tierra».

Un año antes de la publicación del poema nació Thomas Edwards Lawrence, quien, *al servicio de Su Majestad*, jugó un importante papel en la descomposición del Imperio Otomano y, desde un profundo conocimiento del *otro*, impulsó un modelo de organización política y territorial de corte occidental que se establecerían, preservándolas, sobre estructuras de naturaleza tribal, promoviendo alianzas y actuando sobre sus frecuentes rivalidades. El mapa de Estados-nación del mundo árabe-musulmán, tal y como ahora lo conocemos, heredado en su práctica totalidad de las fronteras que establecieron británicos y franceses, tiene en la mítica figura de T. E. Lawrence a uno de sus principales arquitectos, sin duda, el más conocido. Es ese mismo mundo, tan cercano y, a la vez, tan complejo y con códigos sociales internos fuertemente enraizados, el que hoy vemos en crisis, convulso, con sociedades que se revuelven airadas contra gobernantes que parecían inamovibles, abordando un futuro que a los occidentales nos inquieta por lo que tiene de imprevisible y de desconocido.

La llamada «Primavera Árabe» sorprendió a la práctica totalidad de los observadores y expertos occidentales. Los escenarios, basados en análisis estratégicos asentados por décadas, contemplaban posibles episodios de inestabilidad y tensiones motivados por el alza de precios de productos básicos (revueltas del pan) o por los procesos sucesorios, pero las predicciones atribuían a los regímenes autocráticos del mundo árabe-musulmán («Le Pouvoir» me decía elípticamente, bajando la voz, el dirigente socialista marroquí Abderrahim Buabid) la capacidad de controlar toda contestación o de encauzar cualquier desavenencia con sus vecinos. En este último supuesto, la desconfianza y escasa relación —y no la interdependencia— operaba como *cordón sanitario* que prevenía aquí las tensiones propias de vecinos con relaciones intensas. Solo a partir de la década pasada, la creciente presencia en la región y en países del África subsahariana de grupos vinculados con Al Quaeda llevó a incorporar una posibilidad más inquietante: la llegada al poder del islamismo radical. Pero ese temor se convertía en una razón más para apostar por lo que se definía como la «*estabilidad dinámica*», el deseo de que el mundo árabe siguiese, con acompañamiento europeo, un proceso de transición, sin plazos y sin fracturas, hacia la democracia política y económica (España se dotó en los noventa de todo un cuerpo de doctrina al respecto, que proyectó a la UE). La victoria del Frente Islámico de Salvación (FIS) en las elecciones de 1990 (65%), y el autogolpe de Chedli Kibli ante la perspectiva de que el FIS ganara la segunda vuelta de las elecciones legislativas de 1991, fueron el primer aviso de que la doctrina de la *estabilidad dinámica* podía generar movimientos en una dirección no deseada. Las rebeliones triunfantes de esta década ponen sobre la mesa una lógica de la estabilidad bien diferente y más compleja, para la que no valen los ya viejos términos de referencia.

Los gobiernos occidentales, ensimismados en el ejercicio de lo que un africano, el fallecido Presidente de Mozambique Samora Machel, llamó *el tribalismo europeo,* tardaron en reaccionar a esas rebeliones y lo hicieron en ocasiones con gestos y actos que enajenaban la simpatía de los actores de la revuelta. Y es que, como señalan los autores de este libro, la lógica basada en actores racionales que miden sus actos en términos de coste-beneficio no es ya válida para entender unas revueltas cuyo eje central es la entrada en crisis del consenso moral de la sociedad, un consenso que existía por encima del autoritarismo, la corrupción o el subdesarrollo y que se sustentaba en valores sagrados que hunden sus raíces en los grupos sociales y sus tradiciones (de las que la religión es una variable relevante, pero no la única).

En 1916, en plena Primera Guerra Mundial, diplomáticos de Francia y Gran Bretaña firmaban en secreto los acuerdos (Sykes-Picot) para la división del Imperio Otomano, tras el fin de la Guerra. Esos acuerdos establecían las zonas de influencia de las potencias vencedoras y configuraban las fronteras de los territorios de Asia sudoriental que, con algunas alteraciones, han llegado a nuestros días. Los países de la región fueron durante cuatro siglos parte del Imperio otomano, que se extendía por el Mediterráneo hasta Argelia. Siria, junto con el Líbano, Israel y Jordania formaban la Gran Siria, un territorio en el que, siglos antes, se inició la enemistad entre Islam y Occidente: el asedio y saqueo de Jerusalén tendría como respuesta, medio siglo después, el llamamiento a la yihad lanzado por el cadí de Damasco, el primer acto solemne de resistencia frente al invasor. En *Las cruzadas vistas por los árabes,* el escritor libanés Amin Maalouf aborda, desde la mirada de los árabes, los tres siglos de las Cruzadas en este territorio tan diverso y complejo como estratégico a lo largo de la Historia.

Las revoluciones árabes triunfantes en Túnez, Egipto, Libia o Yemen, difundidas *en vivo* por los medios de comunicación y las redes sociales han tenido, sin duda, un importante impacto en las sociedades de los países vecinos y han provocado, en algunos casos, tanto protestas ciudadanas como gestos de apertura por parte de los diferentes gobiernos, pero las revoluciones y sus efectos han actuado primordialmente dentro de los confines territoriales de los países en que se han producido, aunque, por ejemplo, el flujo de refugiados haya afectado a las zonas limítrofes. Incluso en el caso de Egipto, pese a su enorme dimensión y su importancia en el mundo árabe, el triunfo de la revolución no se ha traducido en cambios relevantes en el *status quo* regional. Las nuevas autoridades egipcias han asumido en su práctica totalidad el acervo geopolítico del régimen de Mubarak.

A mediados de los noventa le pregunté al Jefe del Estado Mayor egipcio cuales eran las amenazas a las que estaba expuesto su país; su respuesta fue: «con Israel tenemos un Acuerdo de Paz y no es por tanto una amenaza a nuestra seguridad; desde el punto de vista militar, la principal amenaza son los actos terroristas de pequeños grupos que operan desde Sudán con apoyo de Irán; pero tal vez la amenaza más importante es la *imprevisibilidad* de Gadaffi, que puede decidir —ya lo ha hecho anteriormente— expulsar de Libia a los trabajadores egipcios. La perspectiva de retorno masivo de un millón y medio de personas es una seria amenaza para Egipto». No le faltaba razón al general: entre febrero y marzo de 2011, cerca de 150.000 egipcios regresaron al país desde Libia. Las nuevas autoridades egipcias han manifestado su voluntad de mantener el Tratado de Paz e incluso hemos asistido a una importante cooperación en operaciones de seguridad en el Sinaí y, también, incipientes contactos con el objetivo de aliviar el cerco a que Israel tiene sometida Gaza, una cuestión que ocupa un lugar más prominente en la actual agenda política egipcia y que, de no producirse avances, sí podría enturbiar seriamente las relaciones entre Egipto e Israel.

El proceso que vive Siria tiene, por muy diversas razones, una importancia geopolítica que trasciende la propia dimensión del país. La revuelta, devenida en auténtica guerra civil, ha supuesto el desbordamiento de todos los diques tanto internos (rivalidades religiosas e interétnicas, lealtades tribales, etc.) como externos; en particular, además, de la división en el Consejo de Seguridad de Naciones Unidas, la relación con Turquía y la implicación de los BRICS en la búsqueda de una salida a un conflicto, pero también el activo papel de Irán en apoyo del régimen o, en sentido contrario, el activismo de Catar, por no mencionar la actitud cauta con que EE. UU. actúa más allá del ámbito diplomático. Y es que, como señalan los autores, «Hay algo que preocupa por igual a Iraq, Turquía, Irán e Israel: ¿sin la mano férrea de los Assad, cuál podría ser el futuro del complejo mosaico étnico y religioso del Éufrates?».

En efecto, la dinastía de los Assad no solo ha gobernado el país con mano de hierro (en 1982, una revuelta organizada por los Hermanos Musulmanes en Hama fue aplastada brutalmente; Amnistía Internacional estima que murieron entre 10.000 y 25.000 personas, en su mayoría civiles inocentes), sino que ha extendido su influencia más allá de sus fronteras.

Siria es también un factor muy importante en la geopolítica regional, marcada por el conflicto árabe-israelí. Es el único vecino de Israel que no ha firmado un tratado de paz con el Estado judío, al que no reconoce, y mantiene un reclamo por la devolución de los Altos del Golán, ocupados por Israel. Durante la guerra del Líbano de 2006, además de permitir el envío de armamento iraní a Hizbolá a través de su territorio, también le prestó apoyo directo. Además, la mano de las autoridades sirias ha estado presente en otros momentos clave para la región en los territorios que conformaban la Gran Siria, desde su activa participación en el Septiembre Negro que acabó con más de 5.000 víctimas y la expulsión de la OLP al Líbano a las constantes interferencias en la vida y la política de este último país, en el que Siria llegó a tener desplegados 40.000 soldados. Pero Siria es igualmente relevante para actores más alejados, en particular, para Irán, para el que Siria (y el Líbano) forman parte de su natural esfera de influencia, basada en los vínculos históricos y religiosos. También para Rusia, que cuenta en este país con su única base en el Mediterráneo (Tartus).

La rebelión siria tiene muchos de los elementos que caracterizaron la Primavera Árabe en otros países. También aquí, el malestar y la ira, la conciencia de que el régimen ya no era acreedor de la legitimidad y de la autoridad con que estaba investido, encendieron la revuelta: de nada sirvieron ni la represión de la protesta ni los gestos de Assad. El anuncio, en abril de 2011, del levantamiento del Estado de Emergencia fue recibido con indiferencia: llegaba con 48 años de retraso (se había implantado en 1963). Un dirigente de las fuerzas que se oponen al régimen declaraba recientemente: «creíamos que iba a durar 20 días y ya llevamos 20 meses». En esos 20 meses, han muerto entre 35.000 y 50.000 personas y, pese a las deserciones, las fuerzas leales al régimen (con apoyo de inteligencia electrónica iraní) conservan una importante capacidad de resistencia y de destrucción, aunque pocos creen que Assad podrá imponerse a sus oponentes. Es tal vez cuestión de tiempo…y de vidas humanas. Mientras tanto, más de 300.000 sirios han cruzado las fronteras, dirigiéndose, en su mayoría, a Jordania, Turquía y Líbano (también al Kurdistán iraquí e incluso a Argelia).

La huida forzada de población civil es una forma indirecta de internacionalización del conflicto, pero hay evidencias de que esa internacionalización es también un objetivo que el régimen persigue deliberadamente. Los ataques del ejército sirio sobre fuerzas rebeldes han alcanzado el territorio de Turquía, cuya respuesta militar fue inmediata. En octubre, tres tanques sirios entraban en la zona desmilitarizada de los Altos del Golán —por primera vez en cuarenta años—, y más recientemente, disparos de la artillería siria contra los rebeldes asentados en el Golán han alcanzado, sin daños, colonias judías; la respuesta israelí ha sido cauta, limitándose a una queja ante las fuerzas de paz de la ONU desplegadas en la zona. En el Líbano, se han producido choques protagonizados por grupos que apoyan a Bashar el-Assad, y ha habido también tiroteos en la frontera con Jordania.

Siria ha sido durante décadas un actor influyente en el conflicto israelí-palestino, que consideraba una extensión de su propio enfrentamiento con Israel. De hecho, en algunos momentos, la causa palestina parecía *secuestrada* por Siria y Libia, que trataban de condicionar las decisiones de la dirigencia palestina. La represión del levantamiento y el estallido de la guerra civil han afectado también al medio millón de palestinos que viven en Siria. La consecuencia más importante, un serio revés para Assad, ha sido el cierre del cuartel general de Hamás, en Siria desde finales de los noventa, y su traslado a Catar y Egipto. Los palestinos en Siria están divididos entre los que se han unido a las fuerzas rebeldes y los que están firmemente alineados con el régimen, cuyo referente es el Frente Popular de Palestina (Comando General) de Ahmed Yibril, un viejo enemigo de la dirigencia palestina desde los tiempos de Arafat.

Líbano es, sin duda, el escenario en que Siria ha mostrado, durante décadas, su poder e influencia como potencia regional. El fin del expansionismo y la interferencia siria en Líbano aparece como una consecuencia lógica de la revolución siria y se configura como una causa que contaría en estos momentos con la simpatía y el apoyo de los países árabes y de la comunidad internacional. Consciente de ello, la oposición libanesa ha comenzado a cuestionar al Gobierno, cuya formación se basó en un acuerdo sirio-iraní impulsado por Hezbolá.

En la geopolítica regional, Turquía es un actor de gran relevancia, para el que lo que suceda en Siria dista mucho de ser indiferente: afecta a su seguridad, a su influencia regional y a sus intereses tanto políticos como económicos y, en particular, energéticos. Viejo aliado de Siria, la actitud de Turquía al comienzo de la rebelión fue intentar convencer a Assad para que aceptara una salida negociada. La política, establecida en 2002, de «cero problemas con los vecinos» era un elemento esencial en la estrategia para reestablecer a Turquía como gran potencia regional. Fracasado el intento con Siria, Erdogan ha pasado a pedir la salida del Presidente Assad, al tiempo que ofrece su territorio a las fuerzas opositoras: «Estamos del lado de los derechos humanos y del lado de la Historia..., no podemos estar indiferentes... El nuevo gobierno de Siria será el mejor aliado de Turquía». En su activismo a favor del cambio en Siria, Turquía ha encontrado la complicidad de Egipto que, sin estridencias, quiere volver a ser una influyente potencia regional; también, de los países del Golfo, encabezados por Catar.

Siria se ha convertido en un quebradero de cabeza para Turquía. El inesperado encuentro entre Erdogan y Ahmadineyad a mediados de octubre en Bakú, tras más de un año apoyando a bandos opuestos, sugiere un interés compartido por encauzar la salida de un conflicto en el que ni Assad ni el Ejército Libre de Siria parecen estar en condiciones de obtener la victoria. El fraccionamiento del país y una posible guerra entre aluitas y sunnitas, junto con enfrentamientos entre árabes y kurdos, constituyen un escenario posible en el que los kurdos de Siria, del norte de Iraq, e inevitablemente, de Turquía, creen llegado su momento en la Historia. Tal vez la oportunidad para Turquía —que prepara una nueva Constitución— de abrir espacios de autonomía a su población kurda.

La heterogénea composición de las fuerzas que se oponen al régimen de Assad y, sobre todo, la presencia destacada de grupos y militantes islamistas entre esas fuerzas, suscita interrogantes y desconfianza. Estados Unidos, además de cuestionar duramente la capacidad de la dirigencia siria, ha dejado claro que, a diferencia de lo que hizo en Libia, no facilitará armamento a los rebeldes —armamento que, sabe, acabará llegando por otras vías—. Junto con el temor a que ese armamento pudiera acabar siendo controlado por yihaddistas, está presente la conciencia de que una internacionalización del conflicto, en abierta oposición a Rusia y China y, por tanto, sin el aval del Consejo de Seguridad de la ONU, sería también utilizada por Assad para convertirse de verdugo en víctima y tendría consecuencias muy negativas.

El propio Assad invocaba en noviembre en tono apocalíptico ese escenario al tiempo que rechazaba la opción de su salida:

> Nací en Siria y moriré en Siria... Somos el último reducto de secularismo y estabilidad en la región... El precio de esta invasión, si se produce, será enorme..., tendrá un efecto dominó que afectará al mundo desde el Atlántico al Pacífico.

(25)

Obama acaba de renovar su mandato presidencial. La agenda internacional de su Administración se mantiene inalterable, pero todo indica que estamos al final del ciclo iniciado en 1991, que dejó a EE. UU. como la única superpotencia o, peligrosamente, la *superpotencia solitaria*, como escribiera Huntington. El 11 S puso de manifiesto que esa fortaleza no era inquebrantable y centró el objetivo de seguridad internacional de EE. UU. en la guerra contra el islamismo radical, una visión que, aplicada a Iraq y a Afganistán, ha dado resultados más que cuestionables. Pese a ello, la quiebra de la unidad europea (y el consiguiente relegamiento de su agenda para convertirse en un actor relevante en la seguridad internacional), unido a los problemas económicos en China, dejan a EE. UU. como la indiscutible potencia mundial. Pero la cuestión que ahora se plantea es qué hacer con ese poder; el caso de Libia, una revolución imprevista y ajena al interés directo de EE. UU., es un claro ejemplo de actuación improvisada en que se implicaron con medios militares, sin objetivos precisos y frente a un enemigo incierto. Es la constatación —antes del ataque en Bengasi— de que EE. UU. tiene intereses globales, pero carece de una estrategia global. En la construcción de esa estrategia, no hacer nada en Siria —o hacer lo justo— aparece como una opción que podría convertirse en elemento relevante de una doctrina de seguridad renovada, que reemplazaría la preeminencia del uso de la fuerza en casos como el presente.

Han bastado unos meses para comprobar que, incluso sin su implicación militar, se ha producido la desestabilización de Siria y el debilitamiento de la influencia iraní en la región, algo que cabría considerar como un objetivo estratégico relevante para EE. UU. De este modo, EE. UU. seguiría políticamente activo en el conflicto, pero, por todas las razones apuntadas, huirá de la implicación militar, que dejará para otros actores regionales. También deberá apaciguar a Israel para que no responda a las provocaciones sirias.

Las fuerzas sirias de oposición al régimen, reunidas en Doha bajo los auspicios de la Liga Árabe y de los países que forman el Grupo de Amigos de Siria, han avanzado en la unificación de todos los grupos militares y políticos que forman la oposición al régimen, un primer paso, muy importante, no solo para dar visibilidad interna e internacional al bloque opositor a Assad, sino para contar con una autoridad reconocida hacia la que canalizar el apoyo internacional, sea este económico o militar.

Es difícil prever la duración y el resultado final de la guerra civil en Siria. Pero es indudable que, el día en que el conflicto acabe, en este territorio tan densamente poblado seguirán existiendo las características y dinámicas que lo hacen tan complejo, incluyendo, en particular, factores tan determinantes como la etnicidad, la tradición y, como un elemento relevante de esta, la religión.

En este libro, Jesús Gil, Ariel José James y Alejandro Lorca, nos acercan a esa realidad intrincada y omnipresente en el mundo árabo-musulmán, una aproximación necesaria para entender la Siria desangrada por la guerra civil de hoy y la que mañana alumbrará, con todas sus contradicciones y conflictos, una nueva Primavera Árabe triunfante. Desde ese punto de vista, el libro es una herramienta imprescindible para enfocar nuestra mirada, para ser capaces de situarnos en una dimensión alejada de la visión unidireccional y de entender Oriente y Occidente como lo que son, con diferencias, con problemas comunes y con un enorme potencial de entendimiento.

Es esa una tarea no solo de los dirigentes políticos, los «hombres fuertes» de los que hablaba Kipling, sino de nuestras sociedades en su conjunto, de sus científicos políticos y sus medios de comunicación. El objetivo, concebir y comprender un mundo, en palabras del escritor turco Orhan Pamuk, «donde Oriente es Oriente y Occidente es Occidente... y se encuentran».

Rafael Estrella
Granada, noviembre de 2012

Introducción.
Lazos de sangre, hermandad y rebeldía.

E n el mundo árabe los lazos de sangre y hermandad son mucho más poderosos que la autoridad del Estado, las instituciones políticas o religiosas. Las revueltas sociales de 2011-2012 han evidenciado el papel preponderante de los códigos familiares y étnicos en el desarrollo de las protestas populares y el derrocamiento de las tiranías dinásticas.

Sin embargo, esta mayor influencia de los vínculos familiares, tribales y étnicos en la revolución transnacional ha pasado casi desapercibida para la academia occidental y, en mayor medida, para los medios de comunicación. Este descuido se debe principalmente a una idea sesgada: la creencia de que las revueltas árabes son exclusivamente un fenómeno urbano, moderno, tecnológicamente avanzado, alineados con la visión de Occidente.

Estos presupuestos teóricos son una mirada posible y en parte acertada, pero no describen la totalidad del proceso histórico, social y político que presenciamos. El hecho que mostramos en este libro es que la llamada «Primavera Árabe» es básicamente un proceso de cambio político con fuertes raíces en el actual cambio generacional, dentro de sociedades mayoritariamente rurales en tránsito al mundo urbano, con sistemas de familia extensa, una autoridad parental potente y fuertes patrones de obligación y dependencia entre miembros de una misma comunidad étnica o religiosa.

Este proceso de cambio en la cultura política árabe no puede explicarse haciendo referencia exclusiva a la maravilla de la tecnología digital, la «conspiración» de Facebook, o el papel de gurús iluminados de google. Los propios dictadores árabes acudieron a esta explicación light para ocultar los verdaderos motivos, las crisis de legitimidad política, del consenso moral colectivo y la aguda crisis económica y social. Indudablemente, la red Internet ha tenido un papel preponderante en la movilización de los manifestantes, pero no es el elemento central de estos cambios sociales, ni siquiera desde un punto de vista preliminar.

Las revueltas árabes han acaecido porque una serie de sucesos coyunturales, fundamentalmente disparados por las crisis alimentarias de 2008 y 2010, han servido como activadores de un gran descontento popular en los países árabes. El estallido público de esta insatisfacción nos señala una serie de causas profundas que solo pueden abordarse desde un enfoque multidisciplinar, con ayuda de la sociología, la antropología, la economía, la demografía y otras disciplinas dentro de las Ciencias Sociales.

Los árabes hoy se debaten entre seguir el camino propuesto por Lawrence de Arabia en 1919, la ruta de construcción del Estado-nación al estilo Occidental, o el camino de consolidación de la identidad familiar, étnica, nacional y religiosa a partir de una modernización del sistema político, pero dentro del modelo de obligaciones y obediencias de la sociedad tradicional, como la vía ideológica que hoy gobierna en Túnez y Egipto tras el derrocamiento de los dictadores.

En este libro vamos a reseñar tres elementos centrales para entender las revueltas árabes y la actual guerra social en Siria, en este contexto de conflicto político entre el sistema cultural y el sistema de Estado-nación. Cada uno de ellos se relaciona con el otro elemento, dando lugar a una explicación circular, en sentido cibernético:

— Primero, el elemento *familiar, tribal y étnico*, que se refiere a cómo se organizan los grupos humanos a nivel de la estructura comunitaria, regional, nacional y supranacional, a partir de vínculos de sangre y una hermandad imaginaria.

— Segundo, el fenómeno de la *transición de élites*. Debajo de las revueltas opera un proceso de transición de élites, dentro del respeto por el statu quo neoliberal que perpetúa la distribución desigual de los recursos y las riquezas nacionales.

— Tercero, el advenimiento de nuevos regímenes políticos en defensa de los *códigos tradicionales* de la cultura árabe e islámica. El cambio político no significa la occidentalización del mundo árabe, sino una actualización de la tradición familiar y religiosa bajo el paraguas de la modernidad.

El eje de cada una de estas tres variables es la *política de los lazos de sangre y hermandad.* En el mundo árabe finalmente todos son primos entre sí, y aquellos que no son primos son hermanos de fe. Los lazos de sangre se perpetúan y expanden a través de los lazos de hermandad. El problema es saber si esos vínculos familiares y grupales pueden ser ahora un incentivo para el desarrollo social y humano, tal y como reclama la *intelligentsia* liberal del mundo árabe y musulmán.

Porque nada indica a priori que la defensa de la tradición tenga que ser necesariamente contraria a la búsqueda del bienestar material y espiritual. Ahora presenciamos un momento en que los lazos de sangre y hermandad se convierten en lazos de rebeldía. Falta por ver si el modelo de Lawrence de Arabia, es decir, el de la ideología política occidental, coincide necesariamente con el modelo de los Hermanos Musulmanes, el brazo ideológico moderno de la tradición árabe.

1
Las revueltas árabes de 2011: la quiebra del consenso moral.

A raíz del carácter sorpresivo de los levantamientos árabes en 2011 se hizo patente la pregunta de cómo era posible que ni los medios de comunicación, ni la inteligencia militar, ni las cancillerías de Occidente hubieran previsto, al menos parcialmente, los signos de aproximación de la tormenta. Ni siquiera en los medios académicos e investigadores del mundo occidental hubo un acercamiento a esa posibilidad.

En medio de los estallidos violentos, la Secretaría de Estado de Estados Unidos, así como los gobiernos europeos en Roma, París, Londres o Madrid, no atinaban a fijar una posición razonable al respecto, básicamente porque no entendían cuál era el sustrato real del cambio, por qué estaba ocurriendo exactamente en ese momento, (aunque Gadafi ya lo sospechaba desde 2006 por lo menos). Sobre todo, tenían un temor fundado a cuáles podrían ser las consecuencias en términos de seguridad internacional.

El hecho es que la llamada «Primavera Árabe» tomó desprevenida a la *intelligentsia* occidental, más ocupada en comprender la crisis económica de Europa o en advertir los peligros del terrorismo islámico yihadista. Las élites políticas y los Jefes de Estado europeos tampoco reaccionaron ágilmente; cuando caían bombas sobre la población indefensa de Bengasi, cuando se reprimían los bereberes de Argelia o se disparaba sobre la juventud en Tahrir, mientras algunos primeros ministros recorrían determinados países árabes vendiendo arsenales bélicos a dictadores, precisamente para que se utilizaran contra sus propios pueblos.

La pregunta es: ¿Por qué no pudo preverse el estallido de la revolución? Más aún: ¿por qué no se ha calibrado todavía el cambio político dos años después del inicio de los levantamientos? La respuesta está en la fallida aplicación de un modelo de análisis político, la teoría del *rational choice*, a unos hechos que no son explicables en términos de estrategias racionales de costo-beneficio.

Las personas que arriesgaron sus vidas, y las de toda su familia por ende, en enfrentamientos contra Saleh en Yemen, Mubarak en Egipto, o que en la actualidad se enfrentan a la dictadura baazista de Siria, no lo han hecho con un cálculo de daños personales. En el momento de la indignación, nadie calcula racionalmente si puede morir asesinado por un francotirador en las protestas de Homs o en las calles destrozadas de Alepo.

Los analistas occidentales fallaron porque su esquema de análisis, la lógica del actor racional, estaba claramente desfasada con la lógica real de los actores árabes, basada en un enfoque axiológico y ético sustentado en imperativos morales. Desde el punto de vista de los imperativos morales, sublevarse contra Gadafi o el Assad no es un asunto que las personas protagonistas de los levantamientos desearan medir en términos de costo-beneficio personal o grupal, sino que era un asunto de deber ser moral, de carácter sagrado (es decir, no negociable ni reducible con prebendas materiales).

Es necesario dejar claro que los protagonistas de la revuelta árabe también son actores racionales y estratégicos, pero la base de su conducta política no ha sido la lógica de los incentivos materiales, sino la lógica de los deberes morales sagrados: lucha por la dignidad, por la justicia social, por los derechos civiles o por la emancipación política.

Los indicios nos permiten reconocer que los dictadores árabes más astutos, Buteflika, Gadafi, el Assad o Mohamed VI, ya habían previsto la inminencia de la crisis por lo menos desde la crisis alimentaria de 2008, y se prepararon con antelación para intentar sobrevivir al vendaval. Algunos lo lograron, otros no pudieron contener a sus pueblos.

Ellos entendían esa lógica «moral» de sus pueblos, pero habían perdido por completo su papel unificador dentro del consenso colectivo.

Por otra parte, la estrategia de planes orientados a resultados materiales, desarrollada por la Unión Europea respecto a los países árabes, demostró ser un rotundo fracaso en febrero de 2011. Para los árabes existen valores sagrados que no se pueden comprar con subsidios económicos. La quiebra del consenso moral en esas sociedades explica bastante bien porqué las personas finalmente decidieron lanzarse a hacer una revolución. La dirigencia árabe producto de la guerra fría ya no podía sustentar el consenso moral en estas sociedades insertas dentro del cambio generacional más agudo de su historia.

Tradicionalmente, los pueblos árabes han logrado sobrevivir bajo regímenes dictatoriales fuertemente represivos, o ante regímenes coloniales detestados, pero siempre han estallado de una u otra forma cada vez que el consenso moral colectivo se pone en riesgo, o es atacado en sus fundamentos normativos por un exceso de injusticia gubernamental. El hecho central de las revueltas árabes de 2011-2012 es la ruptura, la quiebra total del fundamento de valores y normas que definen el consenso moral de la sociedad.

¿Cómo se explica esto? Cuando una sociedad ya no puede soportar la contradicción entre el sistema político y sus exigencias, por un lado, y las aspiraciones de valores y fines de las personas, por el otro, se produce una crisis del consenso moral colectivo que desemboca necesariamente en una guerra civil o en una revolución.

Esta crisis deviene en guerra social, como en el caso libio y sirio, porque el consenso moral colectivo solo se sostiene cuando las demandas valorativas y éticas de las personas logran encontrar algún tipo de cauce de comunicación y retroalimentación ante y frente a las exigencias estratégicas del sistema político. Las personas, ya sea en Yemen, Siria o Libia, pero también en España o Estados Unidos, no están dispuestas sin más a sacrificar sus imperativos morales, en aras de cálculos de beneficio, dentro de situaciones de crisis social, sino que optan por defender aquello que los antropólogos denominan «valores sagrados».

Los valores sagrados son aquellos fines humanos que violan todos los principios de costo-beneficio, propios de la perspectiva de maximización de utilidades de la racionalidad estratégica. En los últimos diez años una abundante literatura científica se ha dedicado a estudiar el papel de los «valores sagrados» como factores de motivación no instrumental de la conducta humana, desde la antropología, la psicología social y la sociología[1].

El antropólogo Scott Atran, siguiendo la línea de investigación sobre el significado social de los valores sagrados, aplicada a la comprensión de la mentalidad de las tribus del sur de Yemen, define la ruptura del consenso moral en las revueltas árabes de esta manera:

> Una hipótesis de trabajo de mi grupo de investigación es que una crisis tal conduce a un colapso «revolucionario» del poder político y económico dominante, un cambio social que solo ocurre cuando la acción se convierte en moralmente motivada por un desplazamiento cultural en el núcleo de los «valores sagrados». Así, mientras que las condiciones económicas pueden abrir una brecha, la idea general es que se necesita un imperativo moral que conduzca a un tsunami político a través de la brecha[2].

Los actuales avances de la investigación en ciencia política y antropología política se inclinan a ubicar el núcleo cultural de los valores sagrados o «apropiados» como la base

---

1. Para nuestro campo de estudio, centrado en el mundo árabe-musulmán, destacan los trabajos pioneros de Tanner y Medin (2004); Hoffman y McCormick (2004); Atran, Axelrod y Davis (2007); Rozin y Wolf (2008); Ginges y Atran (2011); Zarate y Gordon (2011).

2. Cf. Atran. 2011.

ideológica que sirve como mecanismo de activación de los procesos de revolución política, de guerra civil o conflicto entre grupos humanos diversos (Roy Rappaport, Scott Atran, Philip E. Tetlock). El propio Scott Atran reconoce que la alianza entre comunidades tribales y el yihadismo Islamista se fundamenta en que comparten una visión moral basada en valores sagrados, sustentada por la cosmovisión de los clanes familiares, grupos de amigos y cofradías religiosas[3].

Por nuestra parte, como señalamos en otros estudios, es necesario reconocer que la narrativa de los valores sagrados son una parte imprescindible para entender la alianza entre las fuerzas tribales y los sectores religiosos, universitarios y campesino. Unas fuerzas sociales que comparten un mismo consenso moral basado en la defensa de la *sagrada tradición*[4]. Tanto Saleh en Yemen como al-Assad en Siria, fueron testigos de la alianza de los clanes familiares y étnicos con el estudiantado y una buena parte del campesinado, a lo largo de 2011 y, sobre todo, en 2012; una alianza que a la postre minó la estructura del sistema dictatorial.

La lógica del cálculo de costo-beneficio, que define la estrategia geopolítica en la crisis siria del verano de 2012, está condenada a fracasar a largo plazo, tal y como lo demuestra la incapacidad de la mediación de la ONU a través de Kofi Annan. Mientras Rusia y China enfocaban la crisis política, social y humanitaria desde un punto de vista de beneficios y oportunidades, y los Estados Unidos y la Unión Europea coincidían en la misma pauta, el pueblo sirio continuaba desangrándose en las calles de Homs, Damasco y Alepo.

El esquema de seguridad y defensa de las potencias occidentales no encaja dentro del esquema militar de las naciones árabes. Tanto Reino Unido como Francia y Estados Unidos

---

3. Atran. 2011.
4. Gil, Lorca, James. 2011b.

fundamentan su estrategia de relaciones internacionales en un realismo pragmático, más próximo a Kissinger que a Morgenthau, en el que los incentivos materiales se combinan con las amenazas veladas. La vieja estrategia del palo y la zanahoria, retomada por la administración demócrata de Barack Obama. Pero los árabes no ven necesariamente el escenario con las mismas premisas.

El papel de las potencias occidentales, salvo en el caso de Turquía, ha sido decepcionante ante la incapacidad de aprovechar la defensa de los valores sagrados por parte de los pueblos árabes para fomentar sistemas democráticos y sociedades abiertas. En cambio, se confirma el enfoque fallido de las estrategias de seguridad nacional herederas de la lucha contra el terrorismo: «estimular» las conciencias de los rebeldes con ayudas financieras al estamento militar y a las élites gobernantes, un verdadero sinsentido político.

Las revueltas árabes son en su esencia una reacción contra este modelo de estrategia orientada a beneficios materiales dentro las relaciones internacionales, que solo benefician a los aparatos dominantes. La diplomacia al estilo europeo de connivencia con la élite autoritaria de los países árabes solo puede repercutir en una alianza peligrosa entre los revolucionarios y el radicalismo religioso, un escenario difícil de contener a medio plazo.

2

Contexto geopolítico: el ámbito regional de la triunfante «Primavera Árabe» de 2011.

E ste libro explora las relaciones políticas entre los diferentes grupos étnicos y las facciones religiosas dentro del actual escenario de guerra civil siria, así como sus extensiones dentro del mundo musulmán, no siempre árabe; de ahí la importancia que adquieren en este texto los pueblos de cultura túrquica o persa, y el especial análisis que hemos dedicado a Irán. En esta investigación se apuntan las características diferenciales más importantes de las distintas facciones religiosas de esta zona con mayor repercusión en el área, así como el juego de intereses y de las facciones políticas sirias.

La ubicación en el mapa de estas facciones ayuda a entender la dinámica de las disputas. No existen buenas estadísticas, por lo muchos de los datos que se ofrecen se basan en nuestra propia investigación (trabajo de campo, encuestas, entrevistas), junto con una búsqueda bibliográfica exhaustiva en fuentes de diversas lenguas.

En el estudio de los cambios sociales, el punto de vista conservador sostiene que es la cultura la que diseña y determina los sucesos sociales, más allá de las influencias políticas. La perspectiva liberal clásica, por el contrario, defiende la idea de que es la política la encargada de determinar el cambio social y cultural. La propuesta marxista dice que es la economía la dinámica que determina los hechos sociales, políticos y culturales. Las tres teorías son parcialmente ajustadas a la realidad, cada una en su medida, pero cada una por separado no puede explicar todos los hechos. Por este motivo, partimos de la conjetura de que las causas finales de los cambios sociales y culturales remiten constantemente a motivaciones e intereses político-económicos[5]. A nuestro juicio, la explicación culturalista del pensamiento conservador es una forma de promover y fomentar intereses que no son culturales, sino políticos y económicos.

El levantamiento de los pueblos árabes contra sus poderes autocráticos en el año 2011 significó en un principio una verdadera esperanza de transformación social y política para millones de personas en una macro-región que va desde Marruecos hasta el Golfo del paralelepípedo suní-chií[6]. Por segunda vez en menos de un siglo, se abría la posibilidad de que estas naciones asumieran su propia dirección política fuera de las tradicionales castas de gobernantes corruptos, con proyectos propios de desarrollo social y humano.

Indudablemente, se trata de una circunstancia excepcional, y es mucho lo que está en juego para los pueblos implicados y para el equilibrio de fuerzas geoeconómicas y geopolíticas de la región. En medio del optimismo que genera este movimiento transformador de la Historia, surgen sin embargo múltiples dudas y aprehensiones.

Hay que señalar que en la actual transformación política de los regímenes árabe-musulmanes éstos podrían estar siendo manipulados para derivar en un escenario deplorable de enfrentamientos interétnicos e interreligiosos. La experiencia de la última década muestra fehacientemente, en el caso de Iraq y Afganistán, que siempre influyen fuerzas e intereses criminales, bien definidos y definibles, con capacidad

---

5. Como se sugiere en Gil, Lorca, James. 2011b.

6. El mundo musulmán está polarizado en dos bloques fundamentales, no solo en el plano religioso sino también por influencia política, un grupo de países suníes y otro chií, formando cada uno un paralelepípedo. Para un análisis detallado de esta cuestión, cf. Gil, J.; James, A. J.; Lorca, A., en prensa, «Conflicto en el paralelepípedo suní-chií: Luchas entre facciones por el poder sirio». Documentos de Opinión del *IEE*, Ministerio de Defensa, Madrid.

de instrumentalizar las diferencias étnicas, identitarias o religiosas, en aras de conseguir el poder económico y político.

Estas guerras contra el terrorismo son lo que podríamos calificar como una «victoria pírrica» para Occidente, pues en ambos casos, a pesar de la rápida conquista inicial del territorio, tales acciones militares provocaron a posteriori mayores problemas o conflictos internos y regionales que cuando los regímenes dictatoriales anteriores estaban en el poder.

En el momento de escribir estas líneas, a finales del año 2012, la revolución popular del llamado mundo árabe-musulmán ha generado la crisis y el posterior derrocamiento de cuatro antiguas dictaduras: la tunecina del clan Ben Alí, la egipcia de la familia Mubarak, la de la familia Saleh en Yemen y la libia del linaje Gadafi. Una dinámica que ha servido de elemento propiciador de una crisis política en el precario balance de poder en la república de Siria, que ha degenerado en una guerra interna que bien puede catalogarse como guerra civil, o incluso como guerra social[7].

A pesar del aparente atemperamiento del vendaval, en diversos países del mundo árabe musulmán en el eje Magreb-Mashreq siguen desarrollándose protestas de carácter político y económico por parte de la población, que ve como los subsidios y la adquisición de productos básicos han menguado desde el último invierno. Las cosechas están siendo malas y los recursos están deficientemente repartidos entre el campo y la ciudad.

Este impulso renovador ha creado una fuerte crisis política y humanitaria con visos de genocidio étnico en Siria, ha forzado la intervención militar de Bahréin por parte de Arabia Saudí, y la intervención militar de la OTAN en el conflicto tribal libio. Por si fuera poco, ha servido como detonante de una cruenta guerra civil en Yemen. Se

7. Gil, J.; Lorca, A.; James, A. 2012b.

ha «cambiado la hoja de ruta habitual» de otros países (desde Omán y Jordania hasta Argelia) y forzado cambios legislativos y electorales en Marruecos y en el gobierno palestino.

En diciembre de 2011 la revista *Time* consideró que «el manifestante» era la personalidad del año. Al mismo tiempo, el Parlamento Europeo concedió el premio Sájarov 2011 en Estrasburgo a los protagonistas de la «Primavera Árabe», escogiendo para la ocasión a cinco activistas representantes de los países donde se produjeron cambios en el poder. En la ceremonia de recepción estuvieron la egipcia Asmaa Mahfuz y Ahmed es-Senussi. Dos auténticos opositores con apellidos sonoros. Por otro lado, Manubia Buazizi, la madre de Mohammed Buazizi, el joven inmolado en Túnez, fue encerrada en prisión preventiva el 15 de julio de 2012, bajo la acusación de atentar contra las «buenas costumbres», una imputación que significa «atentar» contra todo, y al mismo tiempo contra nada[8].

Los acontecimientos libios de invierno 2011-primavera del 2012 no auguran un futuro tranquilo. Una «Quinta columna» intentó matar al primer ministro interino Al-Kib el 27 noviembre de 2011 en Bengasi, donde murieron dos acompañantes y hubo cinco heridos (*EFE*). Se piensa que el atentado era una señal ante la supuesta reunión del 1 de diciembre con Angelina Jollie, un asunto absolutamente intrascendente para la vida de millones de libios. Por otra parte, la frontera con Túnez fue cerrada el domingo 4 de diciembre, debido al intercambio de disparos entre milicianos libios y guardas fronterizos.

La entonces ministra de Relaciones Exteriores en funciones del Gobierno español, Trinidad Jiménez, canceló el viaje que iba a realizar el 27 noviembre de 2011 acompañada de

8. <http://www.aljazeera.com/news/africa/2012/07/20127150754405869.html>

30 empresarios, al no ser posible cerrar una agenda económica de nivel por la designación del nuevo gobierno libio. Estos ataques «esporádicos» se siguen produciendo en la actualidad en el país y a lo largo de su territorio, especialmente en las zonas cercanas al desierto, en la región del Centro Sur. Sebha o Kufra son ahora ciudades más peligrosas que durante la guerra civil de 2011. Durante las elecciones del verano hubo diversos incidentes como ametrallamientos a convoyes electorales, la Cruz Roja o contra el séquito del embajador británico. A mediados de diciembre de 2011, las noticias de la realidad libia se volvieron más opacas, por lo tanto lejos de la normalidad.

El virtual primer ministro de Gadafi, su hijo Saif al-Islam, educado por la élite intelectual de Londres, íntimo amigo de la familia Rothschild y de Berlusconi, fue detenido en la ciudad de Obari (al suroeste de Trípoli) por milicianos miembros de la tribu Zintan. Saif al-Islam tenía personalidad contradictoria: auguraba reformas, era muy próximo al duque de York y a la casa real británica, pero le gustaba el lujo y apoyó la violencia durante la guerra civil. El sistema de poder gadafista no termina definitivamente con la captura de Saif al-Islam y la desaparición del maestro de espías es-Senussi. Un clima de venganza —apoyado en el código beduino— campa ahora por Libia y, según comentarios de nacionales, la corrupción no es menor que la del régimen de Gadafi. Por el momento, no parece posible que se celebre un juicio justo e imparcial contra el segundo hijo del fallecido dictador[9].

La tribu Zintan utiliza a Saif al-Islam como valiosa moneda de cambio para obtener influencias en el actual

(43)

9. Una muestra fue la detención de la abogada australiana Melinda Taylor y su equipo del Tribunal Penal Internacional de La Haya donde figuraba un ciudadano español, el abogado Esteban Peralta. Se les acusaba de pasar peligrosa información para la seguridad del país a Saif al-Islam.

gobierno libio. Las milicias apoyadas en algunas tribus (Zintan, Misurata) no deponen las armas y han formado auténticos ejércitos en la sombra[10]. Tenemos el caso del bloqueo del antiguo aeropuerto militar de Maetiqa, ahora civil, donde operaba Tunisair, tomada por milicias de Bani Salid. La ciudad situada 150 km al suroeste de Trípoli y que aguantó hasta el final como baluarte del régimen de Gadafi. A comienzos de verano de 2012 hubo un alarmante ataque con disparos por parte de una milicia en el aeropuerto internacional de Trípoli. Por otra parte, más que ataques militares propiamente dichos, la quinta columna gadafista, a través de su web, spam y la radio *Al-Rai* (no casualmente con base en Siria), se dedica al envío de mensajes e insultos amenazantes contra Occidente (estrategia más propia de un sujeto impulsivo como Hanibal[11] que de los cerebros pensantes del régimen), y, en los escasos momentos de lucidez y templanza, a reivindicar la sepultura de Gadafi y su hijo Mutassim.

Un arduo trabajo diplomático para calmar a los inversores le espera tanto al nuevo embajador libio en España, Saleh Mahmed Alfegh (quien ya fue antiguo consejero en Madrid y antiguo director de asuntos europeos en el Ministerio de Exteriores libio. El antecesor, Ayeli Abdussalam Ali Breni, está en paradero desconocido desde fines de junio

---

10. Un problema parecido fue el caso de Iraq, donde el desmantelamiento del ejército regular del régimen de Sadam Hussein provocó el afloramiento de milicias y ejércitos en la sombra que tenían sus intereses propios y atacaban a las fuerzas nacionales y extranjeras. En Libia tenemos un fenómeno parecido con la balcanización del territorio, con zonas de seguridad desigual según la ciudad del país. Esta inseguridad afecta a las zonas petrolíferas como Ras Lanuf o Brega, donde las milicias también quieren su parte de los beneficios. Muy difícil de cara al exterior, con la pretendida conferencia internacional para atraer inversores que se preparó en un resort de Trípoli para finales de septiembre de 2012 y donde la cara nueva del régimen es una ministra de salud.

11. Cf. «Entrevista a Jesús Gil», *EFE*, 10 diciembre de 2011. Madrid.

del 2011), como al embajador español en Libia, desde el 16 de septiembre de 2011, José Riera, antiguo interlocutor enviado a Bengasi.

Libia no es un Estado, sino más bien el resultado de una confederación de tribus sin estabilidad a largo plazo. Por eso se necesita que los vecinos, como Egipto, se estabilicen con rapidez, y que en Argelia haya una transición pacífica. Eso evitaría el contagio al este y oeste, aunque en el sur la inestabilidad durará en un largo plazo En Libia han sido encontradas armas químicas por el CNT, como recogen los informes de la Organización para la Prohibición de las Armas Químicas (OPAQ) sobre el gas mostaza. Sin embargo, y pese a todo, la producción de petróleo ya es casi equivalente a los volúmenes anteriores a la guerra civil. Y esto es lo que da sensación de tranquilidad a Occidente. Hay que preguntarse si aparte de un sofisticado avión de procedencia «occidental» que desapareció de las manos de la brigada 32 tras la caída del régimen libio, los tuaregs y facciones islámicas que controlan el nuevo «Estado libre-gamberro» del norte de Malí, llamado Azawad, podrían tener ya en su poder algunas de estas armas químicas.

Advertimos en su día, primeros de diciembre de 2011[12], que la manipulación yihadista del arsenal desaparecido en el desierto de Argelia y Níger podría traer problemas militares: y la caída progresiva de Malí, el tapón del Sahel para el África subsahariana. El primero de los problemas graves que se están produciendo en la zona, plagada de miniejércitos de mercenarios de Chad, Mauritania, Libia y Malí, con fuertes influencias del radicalismo islamista[13].

12. Cf. «Entrevista a Jesús Gil», *EFE*. 10 diciembre de 2011. Madrid.

13. Comunicación preparada para este libro por el líder político maliense Tiemoko Dembele, graduado de antropología por la Universidad Autónoma de Madrid y ex candidato presidencial en Malí, Madrid, agosto de 2012.

Tampoco parece más tranquila la situación en Yemen, país que aún no lo ha dicho todo en relación con las rebeliones sociales árabes iniciadas en diciembre de 2010. A pesar de la supuesta calma que claman algunos medios de comunicación últimamente, las divisiones tribales enfrentadas por barrios no hacen sino incrementarse. La situación es realmente preocupante en la región del sur, blanco de la ofensiva yihadista[14]. Tal y como preconizábamos[15], el ejército leal al régimen de Saleh se enfrenta principalmente a dos facciones del clan Ahmar, la del «outsider» Hashen Ahmar (antiguo guardaespaldas de Saleh[16]) y la de su actual aliada del todopoderoso general Ali Mohsen.

El enfrentamiento tribal en Yemen tiene un cariz eminentemente religioso. En medio de la aceptación de una transición oficial, el plan que apoyó el Consejo de Cooperación del Golfo, supuestamente instigado por Qatar, hablaba en términos textuales de la transmisión del poder hacia el vicepresidente Abdu Rabo al-Hadi en febrero de 2012, el abandono del clan Saleh del país y unas elecciones democráticas[17]. El país tiene una pequeña comunidad española aún residente en su mayoría en la capital, donde en algunos barrios abundan las propiedades tribales transformadas en escombros por la lucha entre clanes.

A diferencia de los pactos tribales posteriores a septiembre de 2001, cuando se derogó la tradición de los clanes de portar armas en la capital, éstas volvieron a las calles

14. Cf. Atran. 2011.

15. Cf. Gil, J.; Lorca, A.; James, A. J. 2011b.

16. Un treintañero que se vanagloria de su presunto pasado canalla en Ibiza, Mallorca y Marbella, cf. «La agonía del reino de Saleh». Diario *El Mundo*, sábado 21 enero 2012, pp. 24.

17. El escenario recuerda mucho a las pretendidas transiciones oficialistas que se realizaron en Túnez y Egipto antes de la primavera de 2011. Sabemos lo que ocurrió después, y en un ámbito sin decisivos clanes tribales armados en las calles. Puede trastocarse en un escenario a lo Iraq o Afganistán.

y no como simple muestra muda de la gallardía tribal. El antropólogo Scott Atran, uno de los mejores expertos en la región, ha recomendado una estrategia dual al secretario de Defensa de Estados Unidos para combatir estas amenazas: por un lado neutralizar las figuras descollantes de AQPA, (Al Qaeda en la Península Arábica), como Abu Basir; y, otro, al mismo tiempo, apoyar a las fuerzas de la Primavera Árabe[18]. Ambas sugerencias se han seguido en el último año.

A principios del verano de 2012 las diversas provincias del sur de Yemen están en manos de integristas en lucha con el gobierno central. La caída de Saleh fue percibida como el comienzo de la decadencia del fuerte poder central y un aumento de su posible control regional, algo que los integristas aprovecharon. Un caso notorio en España es el del policía nacional adscrito a la seguridad de la embajada en Saná desde el 2010, que despareció y murió en extrañas circunstancias[19], y cuyas causas atribuimos a un secuestro, debido a su similitud con un caso parecido de patrones idénticos[20].

En Egipto hay un pulso no disimulado entre el gobierno y el ejército, que a raíz del golpe blando del presidente islámico Mohammed Morsi en agosto de 2012 ha devenido más enconado. El delicado equilibrio del poder parece no estar llegando a un reparto de influencias del gusto de ambas partes. Pero, por otra parte, el 20% de la población votó a los salafistas de *Al-Nur* (La Luz); una formación que tiene su principal bastión en Alejandría, habitual zona

18. Atran, S. 2011.

19. <http://www.cadenaser.com/internacional/articulo/policia-espanol-antonio-cejudo-encontrado-muerto-yemen/csrcsrpor/20120522csrcsrint_1/Tes>

20. Cf. <http://www.rnw.nl/espanol/bulletin/liberan-al-reh%C3%A9n-italiano-secuestrado-en-yemen>

de cristianos[21], y cuyo líder Emad Abdel Gafur declaró que Egipto «es solo para los musulmanes».

Los coptos apoyaron a la tercera fuerza en los comicios, la alianza de l «Bloque egipcio», con el 15% de los sufragios. Una formación financiada por el magnate cristiano Naguib Sawiris. El «Partido Libertad y Justicia» de los Hermanos Musulmanes fue el más votado, con el 40%, y ahora entra en coalición gubernamental con los salafistas. Durante el año 2012 no han cesado de comunicar que la Sharía sería la ley en la calle egipcia, y que una policía especial se encargaría de velar por el orden (¿no suena al Irán de hace treinta años, cuando todos creían en Occidente que la caída del Sha iba a suponer la pluralidad democrática como por arte de magia?). Sin embargo, sigue existiendo la llama «revolucionaria» de aquellos idealistas que hicieron posible la revuelta de finales de enero de 2011 en la plaza de Tahrir, los que realmente aspiran a una democracia auténtica.

Los cristianos en Egipto y en el Líbano se sienten actualmente perseguidos y todo parece indicar que este sentimiento de angustia es más que una simple percepción. La comunidad copta está siendo muy crítica no solo con diversas medidas del nuevo gobierno islamista, sino incluso con la actitud de dignatarios extranjeros como la Secretaria de Estado norteamericana. No solo en los alrededores de Beirut y la capital, donde se concentran poblaciones de cristianos maronitas católicos[22] y ortodoxos, sino en otras urbes, como en el Trípoli libanés. Allí los enfrentamientos abiertos entre suníes y alauítas-chíes también afectan a los restos de la comunidad cristiana, que sobrevive con dificultad desde la guerra civil iniciada en 1975 y finalizada en 1990.

21. Alejandría desde la Antigüedad era dada a controversias y heterodoxias religiosas.

22. Se debe tener en cuenta el papel que Francia ha representado cultural, política y espiritualmente para los maronitas. Los maronitas incluso tienen nombres cristianos afrancesados.

Existen pistas que señalan a una diáspora silenciosa, desde hace unos diez años, de cristianos del Oriente Próximo hacia Occidente, cuando en varios de estos países eran aproximadamente el 15% de la población (como Siria). Es irónico que uno de los fundadores del partido Baaz en Siria fuese el cristiano Michel Lahud. Los déspotas de los años sesenta se nutrieron de las ideologías laicas sui generis (no a la occidental, pues para ellos laicismo significa que todas las religiones sean bien respetadas por los gobiernos, al estilo de los *dimmies* del Corán, los pueblos del libro), casi gnósticas en algún caso (el mismo Lahud) y promovidas por los cristianos orientales.

La otra ironía es que los intelectuales cristianos de finales del siglo XIX, cuando se tambaleaban los últimos sultanes otomanos, fueron la clave para la el renacimiento cultural del arabismo y su lengua en el Oriente Próximo. Proclamarse como laico hoy en día en un país árabe está siendo mal visto, y comienza a perseguirse oficialmente en países como Egipto o Iraq.

El mismo problema persecutorio contra los cristianos orientales se produce en zonas tan dispares como el Sahel o Nigeria, el norte de Iraq o Pakistán. Desde los comienzos de la «Primavera Árabe», paradójicamente, se han propagado atentados in crescendo contra las comunidades cristianas de ciertos países árabes. El norte de Iraq, zona habitualmente poblada durante siglos por cristianos nestorianos (ortodoxos) o caldeos (católicos), sufre ataques con víctimas mortales. Al Qaeda y otros grupos salafistas parecen estar detrás de las matanzas.

El Vaticano ha tomado cartas en el asunto, igual que varios países con mayoría católica en Europa, como Italia o Francia, propiciando condenas ante los acontecimientos en la ONU; pero la extinta España de Zapatero no hizo ninguna declaración oficial al respecto. Un hecho extraño que ha pasado de largo a la opinión pública española son los cooperantes norteamericanos que fueron detenidos en Egipto a finales del invierno de 2012, y que algunas fuentes militares egipcias atribuían (¿maliciosamente?) a los manejos de la ministra de cooperación internacional, Fayza Abul Naga.

Y más al Este, tenemos el siempre complejo escenario de Afganistán, donde amplios sectores tribales de la población contemplan al occidental como miembros invasores de una cultura extraña que pretende implantarse con cierta arrogancia[23].

Nuevas prácticas como los intentos de suicidio a lo bonzo en el Marruecos de 2012 por parte de estudiantes o sindicalistas desesperados, o los asesinatos *intra mura* de complejos militares de fuerzas del ISAF (Fuerza Internacional de Asistencia para la Seguridad) por parte de locales, denotan nuevas formas de violencia con propósitos muy bien distintos. Y eso a pesar de las reformas o elecciones respectivas.

Turquía, que es vista como un modelo por la mayoría de los regímenes cambiantes, tiene sus propios problemas. Recordemos un ataque kurdo reciente en el Sureste de la nación, en Hakkari[24], justo al otro lado de Irán, que coincide con el deterioro de las relaciones entre activistas kurdos y el AKP. Por otra parte, el partido en el poder sigue con tensiones crecientes con el ejército, agudizadas con la detención del antiguo Jefe del Estado Mayor en los primeros años del gobierno AKP, el ahora retirado general de dos estrellas, Ilker Bashbug. Hemos comprobado, en un trabajo de campo en enero de este año, que en la calle turca la opinión está dividida: la mitad de la población alega que Ergenekon es un montaje, y algunos analistas comentan *sotto voce* que todo es una venganza de Erdogan por la época que pasó en prisión hace más de diez años. Nos pregun-

---

23. Cf. «Informe de las tropas aliadas del ISAF». *The New York Times*, 2012, pp. 70.

24. López Arangüena, Blanca. «La guerrilla kurda desafía a Turquía». En *El País*, 20 de octubre 2011, p. 2.

tamos qué piensa el ejército turco al respecto. Parece una pugna entre militares y el poder civil, algo semejante a la del nuevo ejecutivo egipcio con los viejos militares del país del Nilo. La impresión en parte de los encuestados sobre Turquía es que el poder civil del gobierno turco ha logrado imponerse a los altos mandos militares.

Por otra parte, el apoyo de Turquía a la facción rebelde ha posibilitado la supuesta carta blanca que el régimen sirio ha dado al asentamiento de bases terroristas kurdas en la zona del Jábur, acusando al respecto al país vecino[25]. Son solo voces occidentales las que claman por el doble rasero del premier turco, quien ha recibido en meses pasados con cordialidad y abrazos a Jaled Meshal, líder de una organización como Hamás[26], considerada terrorista por algunos países.

Turquía ha sido calificada por los analistas internacionales como la creadora de un nuevo modo de democracia islámica, «el modelo turco», construido a paso lento pero firme durante la última década. Las polémicas internas de Turquía se acrecentaron cuando a comienzos de la primavera de 2012 el parlamento del país, con mayoría absoluta del gubernamental AKP, aprobó la ley que alargaba la enseñanza obligatoria y liberalizaba la enseñanza secundaria en el país, con el acceso de liceos islamistas al sistema general oficial educativo. La ley ha motivado cargas policiales contra manifestaciones, dentro de intensas huelgas en el sector de la enseñanza a comienzos de este año. Algunos analistas creen que el sistema laico pierde cada vez más terreno en

(51)

25. «Turkey won't permit PKK in northern Syria: PM». *Hürriyet Daily News*, Estambul, viernes 27 julio 2012.

26. Jaled Meshal (Ramala, 1956), físico y miembro de los Hermanos Musulmanes. Lidera el brazo sirio del buró político de Hamás, con amplias conexiones en Kuwait y Qatar, desde donde solía oponerse a la figura de Arafat en los años 80 y 90. En 1997 se salvó de un atentado mortal por envenenamiento, ordenado por Netanyahu y realizado por el Mossad, gracias a la intervención directa del presidente Clinton.

Turquía. Estamos ante un país que ocupa el territorio central de lo que fue un gran imperio, el otomano.

Es cierto que el primer ministro Erdogan es un auténtico devoto musulmán suní y que ha logrado «re-islamizar» algunos estamentos de la sociedad turca, pero no es un salafista, por mucho que se le quiera ligar a aspectos islamistas en su pasado político. Son ya no pocas voces las que en el mundo occidental asumen que la Turquía actual quiere tener un papel decisivo en el nuevo gran proyecto del Oriente Próximo, lo que otros llaman «Primavera Árabe».

El AKP está siendo cada vez más criticado por grupos étnicos y religiosos minoritarios de Turquía. Una de las últimas decisiones más criticadas por el estamento laico del país ha sido el cierre del dossier sobre el incendio intencionado del 2 julio de 1993 en el hotel Madimak de Sivas. Los cinco sospechosos del crimen, un grupo de salafistas, ya no están procesados. Con motivo de un festival en honor de un personaje histórico, el poeta aleví Pir Sultan Abdal, se congregaron en tal hotel varias docenas de intelectuales alevís, entre ellos el traductor turco de Salman Rushdie. Aquel día durante la noche, fundamentalistas suníes prendieron fuego al edificio.

A corto plazo, Turquía aparece como la cabeza coordinadora del paralelepípedo suní, y, quizá a largo plazo, un pacto entre Turquía y Egipto lleve a la coordinación del paralelepípedo suní. Puede haber un pacto suní en el enfrentamiento con los chiíes, y Turquía puede ser entonces un elemento clave. Pero, ¿pueden o van a estar dispuestos los árabes a aceptar un liderazgo turco? Hay sectores de Occidente y Oriente que contemplan a Turquía como un modelo para la transición democrática. En Israel hay políticos y antiguos cargos militares con la opinión de que Turquía puede estabilizar Oriente Próximo. A este respecto, el imperio otomano ya hizo una labor semejante, pero hoy día las formas e instrumentos son otros.

Tras nuestro trabajo de campo, parece que el AKP no significa moderación para la mitad de la población turca, sino el fin de sus aspiraciones y deseos occidentales: No obstante, es un partido elegido por su inmensa mayoría en unas elecciones que nunca han tenido polémica ni dudas. Y es innegable que la Turquía del AKP ha supuesto muchos logros no solo en su imagen política exterior —dirigida por un brillante ministro de pasado académico, el politólogo Ahmet Davutoglu— sino además en una economía creciente, donde el sector privado está en alza y el papel económico del Estado es sólido, aunque Turquía no sea una economía petrolífera, la maldición de muchos de sus vecinos.

Y este quizá sea el gran hándicap de Irán, país al cual Turquía se había acercado hasta hace un par de años, justo cuando comenzó la llamada «Primavera Árabe». De alguna manera, el embargo petrolífero occidental sobre el territorio de la antigua Persia ha incluido y damnificado de paso a Turquía. Desde tiempos inmemoriales, el destino de las sociedades turcoiranias es un eje de relaciones étnicas, políticas y económicas, central en la geopolítica de la región de paso entre Europa y Asia.

Pero Siria es ahora el punto de mira. Turquía realizó a principios de otoño de 2011 una serie de ejercicios militares en la frontera con Siria con una brigada de infantería mecanizada y 800 reservistas. Los movimientos de tropas turcas a mediados del verano de 2012, ante la escalada de violencia en la provincia de Alepo, fueron escasamente lógicos en su dimensión de prevención y disuasión. Turquía actuó con gran moderación cuando no respondió al ataque sirio contra un F16 suyo, que causó la muerte de los dos tripulantes. Una invasión parcial de la frontera sirio-turca se puede producir en cualquier momento, ante la posibilidad de una creciente amenaza kurda o el riesgo de desestabilización del este de Turquía.

El veto de China y Rusia impide la resolución de la ONU en el caso de Siria por razones estrictamente estratégicas de *realpolitik*. En estas votaciones suelen abstenerse otros países emergentes como Brasil, India y África del Sur. La Rusia de Putin tiene como objetivo primordial Eurasia. Rusia necesita la energía del Caspio para abastecer sus mercados domésticos. Así puede incrementar sus exportaciones. Pero se presentan una serie de problemas. Unos debidos a la crisis mundial y otros de índole energética. Son problemas tanto para Rusia como para los productores de los países musulmanes. Rusia quiere influencia sobre Eurasia, además de recuperar su posición sobre el Cáucaso, puesto que es el talón de Aquiles de su seguridad. Además tiene que protegerse de la UE, con lo cual debe recuperar su ascendencia sobre Ucrania, Bielorrusia y Moldavia. Por otra parte, se presentan problemas fronterizos en Asia con China, a pesar del Pacto de Shangai y el intento de freno de la influencia de los Estados Unidos en Eurasia.

El slogan de las protestas de los jóvenes manifestantes sirios es: «Rusia no destruyas nuestro futuro». En la primavera de 2012 los refugiados sirios en suelo turco superaban los quince mil, y aumentaron los campos destinados a exilados en varias ciudades clave fronterizas (Kilis, Antep[27], Urfa).

Pero el propio Erdogan y su familia veranearon en 2008 con el clan sirio de los Asad. El presidente sirio amenaza con una conflagración regional si interviene la OTAN. En ese contexto se produce el embargo de armamento de Turquía a Siria, y el gobierno de Teherán informa a través de la agencia semioficial FARS de una posible confrontación con Israel, amenazando de paso los intereses americanos y europeos.

Brasil no acaba de ser neutral del todo en el asunto, por las buenas relaciones que mantiene con Irán. Hemos vuelto a un estado de guerra fría, donde no puedes ser neutral del todo, pero esta vez una guerra fría «seca». Rusia no deja

---

27. En esta ciudad tuvo lugar un atentado con víctimas mortales el 20 de agosto de 2012, cerca de una comisaría. Se atribuyó al PKK. Pero en el pasado no era lugar habitual de sus ataques. Y hay rumores, según nuestra labor de campo, que sugieren una «pista siria» en la preparación.

de defender sus intereses ante todo y se encuentra ante el dilema de mantener a toda costa su única base en el Mediterráneo, en el Tartus sirio. La ausencia de Rusia en el reciente G8 de finales de mayo de 2012 fue muy significativa. Por otra parte, no olvidemos las relaciones excelentes que tiene el presidente ruso con elementos claves del gobierno Netanyahu, como el mismo primer ministro israelí o su ministro de exteriores, Avigdor Lieberman, segundo hombre fuerte del país y cabeza de los influyentes judíos de origen ruso en el país del Levante Sur.

El hecho de que Rusia esté intentando potenciar el mar Ártico como ruta marítima de mercancías obedece a diversas premisas: su primacía en la ruta norte, su revival como potencia naval de largo alcance (aspecto que menguaba con el fin de régimen Asad y su única base, Tartus, en mar cálido) y la prevención de conflictos más importantes en la ruta de Suez.

Rusia empieza a ser visto como un país más imperialista que los EE.UU., dentro de la mentalidad colectiva suní. Parece haber perdido resortes de la Guerra Fría en la zona (apoyaba a varios de los dictadores, aquellos que no lo eran por Norteamérica) y, paradójicamente, tan solo los chiíes ahora respetan a la potencia rusa en la zona. El papel de Rusia ha sido interpretado como el más relevante para la Unión Europea (el segundo es Turquía[28]).

Volviendo a los problemas de la región, nos hacemos eco de las palabras de Oliver Roy a propósito de las revueltas árabes: «ha tenido lugar una revolución sin líderes revolucionarios»; y ahí tal vez radique una importante explicación para el vacío de poder post-dictadores que lleva a la cima a los siempre organizados cofrades religiosos en los diversos países donde tuvieron lugar las revueltas.

28. Schroeder, G. «Una visión de Europa para el siglo XXI», *El País*, 14 octubre de 2011, p. 31.

Aunque un intelectual sirio negaba analogía alguna con el sistema tribal de Libia[29], igual que otros personajes árabes[30] abogaban por la supuesta diferencia étnica y social de cada país, es cierto que existe un patrón: sea o no débil el porcentaje tribal en una sociedad musulmana, la pertenencia a una familia importante siempre es un asunto crucial para la definición del rango, el estatus y la posición personal y familiar en la jerarquía social. Y de ahí el respeto musulmán subconsciente por uno de los elementos principales que caracterizan una organización clánica, la gran familia extensa, bien organizada y jerarquizada.

Para verlo más detenidamente observaremos algunos hitos en el desarrollo de las revueltas árabes de 2011 y 2012, especialmente los sucesos que ligan la crisis económica a la crisis social y política. Hay que criticar los tres mitos difundidos por los principales medios occidentales sobre la llamada «Primavera Árabe»:

a) que es un proceso fundamentalmente urbano y tecnológicamente avanzado;

b) que es un proceso espontáneo, sin manipulación de las élites gobernantes; y

c) que ocurre por fuera o al margen del proceso mayor de globalización e integración económica dentro del modelo de libre mercado. Ninguna de esas tres suposiciones se sostiene si se aplica una mirada más congruente con la realidad.

29. Sancha, Natalia. «Entrevista con Michel Kilo». En *Afkar*, núm. 32, invierno 2011, p. 20.

30. Cf. «Saif al-Islam», febrero-marzo de 2011, en Gil; Lorca; James, 2011.

3
Radiografía de las revueltas tribales: 2011-2012.

Protestas preliminares: en diciembre de 2010 se producen violentos disturbios en Argel y otras ciudades de Argelia. Causa coyuntural: fuerte aumento de los precios del azúcar y el aceite, unos productos de gran consumo doméstico.

Revuelta de los mineros bereberes de Gafsa: el viernes 14 de enero de 2011, el entonces presidente tunecino Zin El-Abidin Ben Alí, un antiguo agente de la CIA, abandona el poder. La «Primavera Árabe» acaba de anotarse su primer triunfo político. Una causa coyuntural es el resultado directo de la subida del precio del pan y el azúcar. Como causas estructurales, el alto crecimiento demográfico, alta tasa de desempleo (15%), represión política y corrupción gubernamental.

El mismo día, la cabeza de *Al Qaeda en el Magreb Islámico* (AQMI), una organización terrorista con fuertes vínculos tribales en el Sahel, Abu Musa Abdul Wadud[31], anuncia la propuesta de acoger en los campamentos de Al Qaeda, para recibir formación y entrenamiento militar, a

(57)

---

31. Su verdadero nombre es Abdelmalek Drukdel (nacido en 1970), graduado universitario en matemáticas (1995). Fue por varios años líder de un grupo paramilitar de salafistas argelinos, convertido en aliado de Al Qaeda desde el 2006. Experto en creación de bombas, secuestro de turistas europeos, y en tácticas de guerra de guerrillas. Su teatro de operaciones son las montañas de la Kabilia. Además es el inspirador y probable guía intelectual de los Islamistas tuareg de Ansar al Din, que controlan el nuevo estado de Azawad, Norte de Malí.

los combatientes islámicos tunecinos y argelinos que luchan contra los tiranos, los cruzados y los judíos.

Desde mediados de enero de 2008 la región minera del oasis de Gafsa se levantó contra el régimen de Alí, una revuelta que se vuelve imparable desde diciembre de 2011. El papel de los mineros bereberes de Gafsa fue decisivo en el derrocamiento de Ben Alí. Gafsa acoge la industria del fosfato, clave en el proceso de modernización económica de Túnez: la extracción de las rocas fosforitas se realiza para obtener el fosfato, producto imprescindible para la elaboración de fertilizantes agrícolas[32]. Gafsa es el lugar donde los bereberes se volvieron sedentarios de la mano del comercio y la artesanía. Fue la puerta de entrada del mundo rural tunecino hacia el mundo urbano desde finales del siglo XIX.

Los alimentos a mediados de enero de 2011: inmediatamente después de la huida de Ben Alí, los gobiernos de Marruecos, Argelia, Mauritania, Libia, Yemen y Jordania anuncian que no aumentarán los precios de la leche, el pan y el aceite en sus respectivos países.

Levantamientos bereberes: la comunidad bereber, conocida también como amazigh, representa el 25% de la población actual de Marruecos y Argelia, aunque en Túnez no pasa del 2%, unos 200.000 miembros. Posteriormente, los gobiernos de Marruecos y Argelia fomentarán la presencia activa de líderes bereberes en las revueltas en Libia como una manera de influir en los acontecimientos políticos posteriores al régimen de Gadafi.

32. El control de esta importante materia prima supone el interés central del *Majzen* de Marruecos de mantener el dominio sobre el Sáhara (que representa 1.250 millones de euros al año de ganancias). El reino de Marruecos es el mayor exportador de fosfatos del mundo, un negocio heredado del régimen de Franco.

La crisis del pan en Egipto y la explosión beduina de Suez: El 25 de enero de 2011 estalla la revolución en Egipto a partir de una pequeña chispa: la protesta de la tribu beduina de al-Mahdiya, que ocupa las calles de Rafah y Sheij Zowayyed, en el Norte del Sinaí. Su objetivo era tomar el aeropuerto de el-Gorah, sede de las fuerzas de paz de la ONU.

Al igual que sus vecinos, Egipto experimenta las protestas por los altos precios de los productos básicos de la cesta de la compra familiar desde el año 2008, y cuyo costo se triplicó en 2010. El «día de la Ira» en el Cairo dispara la manifestación popular contra la dictadura familiar y pro-norteamericana de Hosni Mubarak, un antiguo piloto de guerra formado en la Unión Soviética.

El peso de las protestas populares se ubicó en El Cairo, Alejandría y, sobretodo, en Suez (centro de refinerías de petróleo y plantas petroquímicas). Suez es la zona tradicional de los antiguos beduinos egipcios, quienes todavía luchan por el control de una zona rica en hidrocarburos a los que no tienen acceso[33].

Los aislados batallones del ejército egipcio que vigilan el Canal de Suez no tienen realmente la capacidad de controlar la zona de los continuos ataques de los nómadas beduinos. Curiosamente, los túneles construidos por los beduinos para el contrabando con los palestinos son el paso natural de las mercancías que mantienen vivo al régimen de Hamás en la Franja de Gaza. Un problema molesto para Egipto, pero aún más para Israel, 60.000 km² de desierto ingobernable.

Estamos ante un punto caliente, pues por Suez no solo pasa el contrabando beduino-palestino, sino que también transitan los portaaviones y submarinos nucleares de Es-

---

33. Según fuentes contrastadas, el 11 de enero de 2012 se produjo un enfrentamiento con saldo de tres muertos, en Shalofa, entre el ejército egipcio y un grupo armado beduino que había bloqueado la carretera entre Suez e Ismailia.

tados Unidos (y, últimamente, los barcos de Irán). El 5 de agosto de 2012 atentaron contra un grupo de dieciséis soldados egipcios en una acción terrorista en el paso de Kerem Shalom, provocando la colaboración entre el gobierno Islamista de Morsi y el gabinete de halcones de Netanyahu para controlar el Sinaí y neutralizar a los grupos yihadistas de la zona[34].

La rebelión de Yemen (27 de enero de 2011): el 40% de la población yemení está por debajo de la línea de la pobreza; se trata precisamente de la población tribal de un país dominado por clanes y alianzas patrilineales. El Consejo de la *Shura* (máximo órgano de decisión nacional, conformado por jeques, líderes de los clanes y señores de la guerra), abandona a Saleh en los próximos meses, precipitando su caída.

La Kabilia argelina se levanta (29-30 de enero de 2011): diez mil personas se manifiestan en Beyaia, al este de Argel.

Cambio de gobierno en Jordania: el 1 de febrero de 2011 el rey Abdalá II disuelve el gobierno y nombra un nuevo primer ministro, el prominente líder militar Maruf Bajit, miembro de la tribu Al-Abbadi, y con un doctorado en «estudios sobre la guerra» del King's College de Londres.

Caída de Mubarak (11 de febrero de 2011): a pesar de los últimos intentos de Frank G. Wisner y Javier Solana por conducir a Egipto a una transición a la española, Mubarak

---

34. La cúpula del ejército egipcio se apresuró a declarar que el atentado había contado con apoyo de activistas de la Franja de Gaza, un verdadero regalo político para el ala militarista israelí de Barak-Netanyahu, ansiosa de pretextos para justificar un clima local de permanente amenaza bélica. Mohamed Morsi tiene muy complicado el equilibrio entre Hamás y el Likud.

fue expulsado por la cúpula del ejército, dirigida por el mariscal Mohamed Hussein Tantawi, del grupo étnico nubio (Sur de Egipto), un veterano de guerra. Tantawi, que dirigía un ejército de 460.000 soldados, se negó a disparar contra la población con la misma energía que tuvo luego en mantener abiertas las cárceles y la represión del régimen militar.

Dimite el gobierno palestino: el 14 de febrero de 2011, el presidente palestino Mahmud Abbas, que lideró la defensa internacional del régimen de Mubarak hasta el final, se ve obligado a un cambio de gobierno manteniendo al primer ministro, Salam Fayyad, antiguo funcionario del Banco de la Reserva Federal de los Estados Unidos y del Banco Mundial.

Rebelión en la Cirenaica: el 16 de febrero de 2011 las tribus de la Cirenaica y los habitantes de Bengasi se levantan contra el régimen de Gadafi y su familia. En una maniobra confusa, Saif el Islam libera en la prisión de Abu Salim a un grupo de peligrosos reos yihadistas, entre ellos algunos miembros de Al Qaeda: Abdelhakim Belhady, jefe de la rama libia[35], Jaled Sherif, jefe militar, y Sami Saadi, el ideólogo.

La guerra civil libia: al igual que antes en Gafsa (Argelia), y en el Canal de Suez (Egipto), la revuelta popular

35. Abdelhakim Belhady es un veterano de la guerra afgana, cabeza del Grupo Islámico de Combate de Libia, opositor encarnizado de Gadafi, quien lo acusaba de ser amigo personal del Mulla Omar. Fue encarcelado por la CIA y entregado al propio Gadafi en el 2004. En su época estuvo tan cercano a Saif el Islam como al imán Ali Sallabi, a Al Qaeda y a la CIA. Fue proclamado líder del Consejo Militar de Trípoli tras la caída de Gadafi, en septiembre de 2011, y entonces liberó a unos 10.000 presos de las cárceles. Participó en las elecciones de julio de 2012 al frente del partido *Al-Watan* (La Patria), bajo la nueva fachada de líder político «democrático» con el visto bueno de las nuevas autoridades libias y de las potencias occidentales.

en Libia empieza exactamente en la zona estratégica de depósitos energéticos y tribus armadas, la oriental Cirenaica, un caldo de cultivo peligroso de cofradías islámicas y enfrentamientos tribales.

De la alianza entre grupos islámicos radicales y señores de la guerra tribales nacerá el futuro gobierno post-Gadafi. A finales de febrero de 2011, el ejército de la región oriental ya había abandonado a Gadafi. Como consecuencia, Gadafi declaró una guerra total entre tribus a partir de marzo que se mantuvo y agudizó hasta su caída.

Revueltas bereberes en Marruecos (en torno al 20 de febrero de 2011): en el peor momento desde el estallido de las revueltas, el Rey Mohamed VI asistió atónito a un levantamiento de las comunidades bereberes del Rif, que afectó a las localidades de Alhucemas, Ait Buayach e Imzurne. El alcalde de Alhucemas, Mohamed Budra, cercano al partido político del *Majzen*, aunque moderado, tuvo que dimitir. Inmediatamente, el entonces presidente español Rodríguez Zapatero afirmó que el gobierno de Marruecos «está en la vía del progreso, y no se puede comparar con los otros países árabes regidos por dictaduras». Como un gesto de buena voluntad, el Rey de Marruecos liberó al joven líder bereber Shakib el Jayari, defensor de los derechos humanos en el Rif, el 14 de abril de 2011.

La élite majzen recupera el poder en Túnez (27 de febrero de 2011): la caída de Ben Alí supuso una buena coyuntura para la monarquía alauí de Marruecos, ya que se colocó al frente de Túnez a un miembro de la élite majzen, Beyi Caid el Sebsi[36].

---

36. Los *Majzen* son en su origen un grupo tribal feudal que los colonizadores franceses colocaron como la élite gobernante de las tribus bereberes en Marruecos y Túnez, es decir, una élite al servicio del colonialismo.

Revuelta tribal en Yemen (finales de febrero y primeros de marzo de 2011): el jeque Hussein Al-Ahmar, antiguo piloto de caza, convoca una asamblea de jefes tribales en la provincia norteña de Amran para declararse en contra del gobierno de Saleh[37]. La declaración es peligrosa para la estabilidad de Saleh, que pertenece a una tribu menor, los *Sanhan* (dependientes del poder de la confederación *Hashid*, que dirige Al-Ahmar). Poco después, Mohamed Abdel Illah al Qadi, líder de la tribu Sanhan, abandona también al presidente.

El 15 de marzo de 2011, el frente de los estudiantes yemeníes firmó su alianza con el de los líderes tribales rebeldes. A la postre, la pérdida del reconocimiento de la confederación tribal Hashid significó la caída de Saleh. Yemen tiene otros dos graves problemas que no logró resolver el clan Saleh: la aguda penetración desde el sur por parte de Al Qaeda y la rebelión de la tribu Huthi, chiíes de la rama zaidí.

El 27 de febrero de 2012 asume la presidencia un antiguo aliado de Saleh, el general Abdo Rabbuh Mansur Al-Hadi, miembro de un clan de la zona de Abyan, del sur yemení. De inmediato se dedica a desmantelar el poder familiar de los Al Ahmar y los Saleh, en beneficio de su propios aliados tribales.

El clan de Uyda se resiste a dejar el poder en Argelia (marzo de 2011): el presidente Buteflika advierte que solo dejaría el poder a su hermano Saïd, principal consejero. Este país norte-africano está gobernado desde los años sesenta

---

37. Sheij Sadiq bin Abdulla bin Hussein bin Nasser al-Ahmar (1956), líder de dos poderosas confederaciones tribales, los Hashid y los al-Islah. Fue la figura principal de los insurgentes en la batalla de Saná, del 24 de mayo de 2011. Antes de la guerra civil yemení era la segunda persona más poderosa en Yemen después del presidente Saleh. Hoy puede ser la primera.

del siglo XX por representantes del *Clan de Uyda*, un grupo consanguíneo de clara ascendencia bereber, de militares de la región homónima del Magreb[38].

La Argelia contemporánea ha tenido por élite gobernante a dos clanes de una misma tribu bereber: el clan Kabyle y el clan Chui, ambos de origen Tlemcen, en el Magreb[39]. Uyda es una ciudad magrebí de un millón de habitantes que tiene su origen en una de las nueve tribus principales de los amazigh orientales, autodenominados «Zénatis», para diferenciarse de los árabes.

Desfase campo/ciudad: la tasa de analfabetismo en Argelia ronda el 30%, en Marruecos más del 40% y en Egipto más del 30% (cifras aproximadas). Esto significa que el analfabetismo estructural puede llegar a cubrir a la mitad de la población total, sobre todo en zonas rurales y tribales si tenemos en cuenta el segmento de semi-analfabetismo (personas que no han completado la secundaria básica). El problema del campo es estructural, pues no debemos olvidar que los conflictos religiosos entre coptos y musulmanes se prolongaron muy cerca de Asuán, en la zona rural del sur de Egipto, a lo largo de 2011 y 2012. Como suele suceder, las autoridades egipcias culpan de este conflicto a «conspiradores extranjeros»[40].

Contraofensiva de Gadafi (marzo de 2011): Gadafi recuperó Zawiya el 9 de marzo, una ciudad clave dentro de la

---

38. Entre ellos destacan los siguientes Jefes de Estado y Gobierno: Ahmed Ben Bella (maghnia), Huari Bumedien (Chaui), Liamin Zérual (Chui) y Abdelaziz Buteflika (Uyda).

39. Los altos mandos ministeriales y militares argelinos situados en sectores de control sobre los hidrocarburos, y entre las fuerzas de inteligencia, son originarios del clan bereber de la zona de Tlemcen.

40. «Palabras del primer ministro Esam Sharif», *EFE*, 9 de octubre de 2011.

industria petrolera al ser la refinería que abastece de gasolina a todo el país. El día 11 recuperó Ras Lanuf. El día 16 tomó Ayadabilla, asedió Misrata y empezó el bombardeo de Bengasi. En aquel momento parecía que estaba ganando la guerra contra las «desleales» tribus rebeldes del Oriente, abanderadas del régimen monárquico anterior.

Contrarrevolución en Bahréin (15 de marzo de 2011): el régimen, asentado sobre una élite de creyentes suníes (10% de la población), no logra aplacar la ira del 70% restante (chiíes). El rey de Bahréin, Hamad bin Isa al-Jalifa, representante de la dinastía tribal de los Banu Utub Al Jalifa, antiguos nómadas del desierto, alentó la invasión del ejército de Arabia Saudí para reprimir a los manifestantes. El presidente norteamericano Barack Obama no se arriesgó a jugar con la estabilidad de Bahréin, un punto de observación privilegiado de los movimientos iraníes en el estrecho de Ormuz, y acepta tácitamente la ocupación militar saudí.

Levantamiento de las tribus de Deraá, Siria (19 al 25 de marzo de 2011): las tribus representativas de las ciudades del sur de Siria reclamaban la retirada de las tropas y el fin del régimen al-Assad[41]. A 40 kilómetros de Deraá, en la localidad de Sanamein, las fuerzas del régimen de al-Assad disparan contra pacíficos manifestantes de credo suní, dejando una veintena de civiles muertos. La mezquita de Omari en Deraá se llena de manifestantes bajo el grito de «Maher, cobarde. Envía tus tropas para liberar el Golán»[42].

---

41. Desde el año 1971 el país estaba gobernado por una dinastía clásica del capitalismo de familias árabe: los Assad, alawitas del clan Numailatiyya, de las montañas del interior de Latakia, ayer revolucionarios, luego detentadores del capital nacional convertido en renta privada y trasladado a los bancos occidentales.

42. Maher es el hermano menor del presidente Bashar, y jefe de la

Inmediatamente estalló la revuelta, los servicios de inteligencia sirios detuvieron a varios líderes tribales acusados de ser responsables de un plan para atacar las fuerzas israelíes a través de la frontera. De esta manera, Assad intentaba desbordar el conflicto, instigando al ejército israelí contra las tribus del sur, calificadas como «terroristas»[43].

Deraá, que fue una de las ciudades favoritas de T. E. Lawrence, es la cuna de diversas comunidades tribales que habitan la zona desde periodos preislámicos y un corazón de la agricultura siria, la principal actividad económica del país. Esto quiere decir que es una de las zonas con mayor desigualdad de Siria. Ha sido llamada por todas estas razones por los propios rebeldes: «el Suez de Siria»[44].

Sustentada en el apoyo de los grandes empresarios urbanos, la dinastía Assad no ha logrado resolver en 40 años el grave problema de la disparidad campo-ciudad, base real de la economía del capitalismo árabe de familias. El capitalismo de familias árabe es un tipo de organización social, típico de países como Siria, en la que todo el peso de la producción de la riqueza nacional recae en un campesinado empobrecido, carente de títulos de propiedad de la tierra, que trabaja como arrendatario para un sector exclusivo de magnates urbanos que son los dueños legales de la propiedad rural, pero que no la trabajan y no realizan ningún tipo de innovación tecnológica o de modernización de los medios de trabajo.

En cierto modo, existe aquí un paralelismo con el análisis marxista. Para Marx, en la lucha de clases una se apropia

---

Guardia Republicana, la encargada de la sangrienta represión de las protestas. Culpable de crímenes atroces en la guerra civil de 2012.

43. En abril de 2011 parte de las «comunidades kurdas» de Qamishli, con unas 5.000 personas (de una zona donde son mayoría), se unen a la protesta contra al-Assad, solidarizándose con los mártires de Deraá.

44. «Daraa, a Suez of Syria», *Egyptian Chronicles*, 2011. Consulta 13 mayo 2012. <http://egyptianchronicles.blogspot.com/2011/03/daraa-suez-of-syria.html>

del excedente. En Siria hay una lucha de familias o clanes, donde una se apropia del excedente.

En la cima de la pirámide se encuentran los clanes familiares que dirigen la política y las redes comerciales: el *majzen* marroquí y tunecino, el *clan de Uyda* argelino, los *Al Ahmar* de Yemen, los *Gadafi* de Libia, los *Mubarak* de Egipto y los *Assad* de Siria[45]. Más adelante realizamos un análisis de este tipo de organización económica, productiva y social, en especial, el relativo al contexto de Siria.

Recrudece la crisis siria: el 29 de marzo de 2011 cae el gabinete sirio encabezado por Muhammad Nayi al Otari, un veterano miembro del partido Baaz, aunque Bashar al-Assad le encargó la formación del nuevo gobierno; y la represión no disminuyó un ápice. El 3 de abril fue sustituido por el agrónomo Adel Safar, relevado a su vez del cargo en una nueva crisis ministerial el 23 de junio de 2012 en la que fue designado Riyaf Farid Hiyab, antiguo gobernador de la zona tribal de Quneitra, en el pasado sede de múltiples protestas contra el régimen. El 6 de agosto de 2012, Hiyab desertaría oficialmente del régimen, a través de un comunicado leído en Al Yazira.

Entre febrero y marzo de 2012 la batalla siria se traslada a Homs, ciudad brutalmente bombardeada por la guardia de al-Assad. Después de la matanza de Hula, el 10 de junio de 2012, un representante de la minoría kurda, Abdel Basset Sayda, es designado nuevo presidente de un grupo de la oposición, el Consejo Nacional Sirio, un gesto muy inteligente por parte de la oposición ya que ofrece la aparente tranquilidad simbólica de que los rebeldes no atacarán ninguna minoría étnica o religiosa.

45. En el caso sirio, una de las figuras representativas del capitalismo árabe de familias es el millonario Rami Majluf (1969), primo del presidente Bashar al Assad. Según algunas fuentes, en la actualidad controla al menos el 60% de la economía siria.

Los bereberes de Libia reclaman sus derechos: el 22 de septiembre de 2011, una vez derribado el régimen de Gadafi, la comunidad *amazigh* se pronunció en Trípoli reclamando sus derechos, negados durante el último medio siglo, y solicitaron no ser excluidos del *Consejo Nacional de Transición* (CNT), el organismo que controla Libia en la época.

Los Islamistas kuwaitíes toman el parlamento: el 16 de noviembre de 2011 los kuwaitíes reclamaron la renuncia del primer ministro del país, Naser Mohamed Al Ahmed Al Sabah, miembro de la familia real. El 3 de febrero de 2012 los Islamistas tomaron el poder en Kuwait.

Los Islamistas consiguen el gobierno en Marruecos: el 29 de noviembre de 2011 el rey Mohamed VI de Marruecos designó primer ministro al ganador de las elecciones, el «islamista moderado» Abdelila Benkiran, representante del *Partido de la Justicia y el Desarrollo*[46], con el 27% de los votos.

Conflictos intertribales y étnicos tras la guerra civil de Libia (2011-2012): la guerra civil libia desestabilizó toda la zona, especialmente a partir de los meses de marzo-abril de 2011. Las fuerzas militares chadianas enviadas por el presidente Idris Deby lucharon a favor del régimen de Gadafi en la reconquista de Ras Lanuf y Brega[47].

Estos hechos sirvieron como acicate para posteriores operaciones represivas por parte de las milicias anti-gadafistas contra miembros del pueblo *tebu*, la principal etnia nómada de las montañas Tibesti, al norte de Chad, y con fuerte presencia en Libia. Los tebu ya luchaban encarnizadamente

---

46. Siglas copiadas del partido Islamista turco, AKP, que gobierna en Turquía desde 2002.

47. Se trataba de unos 3.000 soldados chadianos bajo el mando de Isa Bahar, vicedirector de seguridad nacional de Chad.

contra Gadafi desde 2008 y tuvieron un papel destacado en la campaña de Fezzan de 2011[48].

La minoría Tebu ha sufrido discriminación por todos los gobiernos libios en el siglo XX. En el propio Chad contemporáneo, gobernado por una tribu rival (*Zaghawa*), los tebu hoy se encuentran relegados a una vida de aislamiento semi-nómada, a pesar de haber proporcionado algunas de las figuras más importantes de la independencia del país, como Ueddei o Habré.

Autonomía política de la Cirenaica: desde Bengasi, el 6 de marzo de 2012, unos 3.000 líderes tribales y militares de la Cirenaica proclamaron la autonomía del este petrolero del resto del país. Ahmed Al-Zubair al-Senussi fue elegido jefe del Consejo de Gobierno de la Cirenaica[49]. El presidente del gobierno, Mustafá Abdul Yalil, antiguo ministro de Justicia de Gadafi, afirmó rápidamente que se trataba de un «complot extranjero».

La insurrección tuareg entre Libia y Malí: a finales de septiembre de 2011, cuando ya había caído Trípoli y nadie daba con el paradero del coronel Gadafi que luchaba desesperado desde Sirte, los grupos armados tuaregs del suroeste de Libia continuaban luchando por su causa cerca de Gadamesh[50].

(69)

48. Desde marzo de 2012 se conocen fuertes enfrentamientos entre las fuerzas militares *tebu* y las tribus arabizadas de la región sureña de Sabha. El líder de los clanes tebu en Libia, Issa Abdel Mayid Mansur, denunció que eran víctimas de una operación de limpieza étnica por parte de los «libertadores» de Libia.

49. Ahmed Al-Zubair al-Senussi (1933), miembro de la familia real, era uno de los más antiguos y activos opositores de Gadafi, y premio Sájarov del Parlamento Europeo.

50. El 20 de octubre de 2011, Gadafi fue localizado por la milicia rebelde de Misrata en Sirte, siendo salvajemente torturado y asesinado sin ningún procedimiento jurídico y legal, en una acción bendecida por

El 1 de octubre de 2011 las tribus arabizadas lograron firmar un acuerdo de paz con las tribus tuaregs, leales a Gadafi durante 40 años de dictadura. Este acuerdo permitió el respiro del ejecutivo del tecnócrata Yibril, que pudo entonces concentrarse en tomar Sirte.

Pero los nómadas tuareg no entregaron las armas. El conflicto se desplazó a partir del 17 de enero de 2012 al vecino Malí, un Estado estructuralmente débil en manos de políticos amenazados por la cúpula militar. El 22 de marzo fue derrocado el presidente maliense, instaurándose una Junta Militar dirigida por el capitán Amadu Sanogo. Nuevamente el detonante de la crisis política fue la crisis alimentaria, que sufren 13 millones de personas en el Sahel.

Declaración de independencia de Azawad: el 1 de abril de 2012 el grupo independentista tuareg «Movimiento Nacional de Liberación de Azawad» (MNLA), junto a células de AQMI y el grupo Islamista radical *Ansar al Din*, toma el poder en Tombuctú, centro de la red de comercio del Sáhara, y anuncia la creación del Estado «libre» de Azawad. El líder del MNLA, Bilal Ag Asherif, proclamó el viernes 6 de abril de 2012 la independencia de Azawad, un territorio de 850.000 km².

El nuevo Estado se rige por una asamblea de jefes tribales, la *Shura*, en representación de 1,3 millones de habitantes, la mayoría de los cuales están sumidos en una crisis humanitaria aguda debido a la debacle alimentaria. Pésimos comienzos para un nuevo país.

El guía de los Islamistas de *Ansar al Din*, y verdadero jefe del nuevo Estado, es Iyad Ag Ghaly, de la tribu Ifora,

---

el CNT, algunos de cuyos dirigentes un año antes eran altos funcionarios del régimen derrocado. La misma milicia de Misrata sería posteriormente, en febrero de 2012, responsable de la limpieza étnica contra la comunidad negra de Tawarga.

un segmento de los Irayakane[51]. Este iluminado tuareg, monitoreado a distancia por el argelino Drukdel, al mando de un ejército de mercenarios de Libia, Níger y Mauritania, veteranos de la guerra civil libia, ha instaurado la *Sharia* como ley del nuevo Estado de Azawad.

Los Islamistas conquistan el poder en Egipto: el 24 de junio de 2012 el candidato de los Hermanos Musulmanes, Mohamed Morsi Isa al-Ayyat, doctor en ingeniería por la Universidad de Southern California, gana democráticamente la presidencia de Egipto. Sus primeros pasos al frente del gobierno lo colocan frente al mariscal Tantawi y a la burocracia heredera de Mubarak, que se niegan a perder sus privilegios y a los que desplaza en agosto del mismo año.

Nuevo presidente libio: el 9 de julio de 2012, el politólogo Mahmoud Yibril, antiguo protegido de Saif el Islam, pionero de la política de privatización y liberalización del heredero de Gadafi, y posterior enlace entre el CNT y las fuerzas de la OTAN, y primer ministro de Libia en el momento de la captura y muerte de Gadafi, aparece como ganador de las elecciones libias.

A través de esta sucinta exposición, nos proponemos mostrar que las revueltas árabes:

a) no han tenido un origen en las ciudades, sino en los puntos de intersección entre el campo y la ciudad;

b) no han sido simplemente movimientos «espontáneos» de la multitud, como le gustaría creer a Toni Negri, sino más bien movimientos políticos de descontento social

---

51. Antiguo líder de la insurrección tuareg de 1990 contra el gobierno de Malí, Ag Ghaly tuvo luego una experiencia mística de «renacimiento espiritual», tras la cual se convirtió al yihadismo internacional. Y actuaba como mediador de secuestros en el Sahel durante los últimos años.

paralelos a movimientos estratégicos de la élite árabe en un desplazamiento de las familias gobernantes; y
c) no hay ninguna posibilidad de que las transformaciones nacionales estén desligadas del contexto internacional que las engloba.

El hecho es que ha triunfado el sector tecnocrático de la élite tradicional del capitalismo árabe de familias. Hasta el momento, las revueltas árabes han conseguido que la tecnocracia pro occidental (Bajit, Yibril, Fayyam, Morsi, entre otros), antiguos mandos medios de los regímenes derrocados, ahora detenten el poder directo en las jóvenes democracias revolucionarias. La ley islámica no es necesariamente contraria al neoliberalismo. En otras palabras: la revolución árabe ha conseguido que se mantenga y refuerce la agenda política y económica del FMI, pero esta vez sin los incómodos dictadores.

Es difícil pasar por alto la presencia de fuertes conflictos étnicos exactamente en los puntos en los que ha estallado la revuelta popular contra los regímenes dictatoriales: el canal egipcio de Suez, punto de enfrentamiento entre beduinos, árabes y tropas israelíes; el sur de Fezzan, zona de pugnas étnicas entre tribus arabizadas libias y la minoría étnica tebu de Libia y Chad; el norte de Malí, cuna de la resistencia de la etnia tuareg y ahora del Estado islámico independiente de Azawad; la región del parque nacional de Alhucemas en el Rif marroquí, base del independentismo amazigh; la Kabilia argelina, que es testigo de agudos enfrentamientos entre las fuerzas armadas nacionales, los bereberes y las células de Al Qaeda; las tribus de Deraá, enfrentadas al clan Assad de Siria; el Norte y el Sur de Yemen, infectado de batallas inter-tribales y de ausencia del Estado, circunstancia aprovechada por Al Qaeda y otras fuerzas yihadistas.

En todos y cada uno de estos casos se da la complejidad sociológica de países atrapados en una débil resolución del conflicto de paso entre sociedades tribales, campesinas y urbanas, a la vez. Los analistas occidentales se han conformado hasta el momento con analizar solo una parte del conflicto: la sociedad urbana, alfabetizada, culta, plurilingüe y con acceso a Internet y Google.

Sin embargo, si seguimos los datos más fidedignos con los que contamos hasta esta fecha, las estadísticas del Índice de Desarrollo Humano de Naciones Unidas, del año 2011, veremos que en el mundo árabe musulmán la tasa de analfabetismo ronda el promedio del 30%, y la tasa de población rural es el 43,3% del total de la población de esos países. Aproximadamente el 15% de la población total trabaja directamente en la producción agrícola, a pesar de ser el sector más golpeado por las políticas económicas de los últimos veinte años.

Nuestra indagación parte de constatar que la revuelta urbana es solo una parte de la realidad socio-política y económica del mundo árabe en ebullición. Más aún, pensamos que no se puede descartar la continuidad del conflicto en la fase post-dictatorial. Precisamente porque las bases del mismo conflicto, la disparidad entre el mundo rural y el urbano, continúa siendo el pilar oculto de la desestabilización regional.

En el gráfico núm. 1, que mostramos a continuación, se recogen los índices de etnicidad, población rural, analfabetismo y pobreza de ocho países protagonistas de la llamada «Primavera Árabe»:

GRÁFICO I.

Desarrollo Sociocultural. Países de la Primavera Árabe[52]

País	Pueblos (%) (Grupos étnicos)	Índice de Población Rural (%) (Del total de la población)	Analfabetismo (%) (Personas de más de 15 años).	Población bajo Línea de Pobreza (%) ($1.25 al día; ONU, 2011).
Siria	Árabes: 90.3 Kurdos: 9 Otros: 1	44,8	15,8	12
Argelia	Árabes: 75 Bereberes: 25	44	28,4	23
Egipto	Egipcios: 91 Beduinos, Bereberes, Nubios: 9	56.5	34,6	22
Libia	Árabes: 95 Bereberes, Tuareg: 5	22	11,1	30
Túnez	Bereberes arabizados: 98	33,3	12,4	3.8
Yemen	Árabes: 98	68	37,6	45.2
Marruecos	Árabes: 60 Bereberes:40	42,2	44	15

52. Fuentes: a) Klugman, Jeni (Dir). 2011. *Human Development Report. Sustainability and Equity: A Better Future for All.* ONU; b) World Bank and the Food and Agriculture Organization of the United Nations. 2012. *The Grain Chain: Food Security and Managing Wheat Imports in Arab Countries.* Washington, DC. Banco Mundial; c) The World Factbook 2009.

4
Alimentación y crisis en el mundo agrario: factores catalizadores de la explosión.

UN NUEVO CICLO HISTÓRICO:
LAS PROTESTAS DEL HAMBRE
(2008-2012).

El efecto disparador de las revueltas en el mundo árabe musulmán fue la subida mundial de los precios de los alimentos a finales del año 2010. Desde junio de 2010 hasta comienzos de 2011, al menos 44 millones de personas habían caído en la pobreza debido al incremento del 36% del precio de los alimentos básicos, según datos del Banco Mundial. Una tendencia que había comenzado en 2008 y que implicaba serios problemas de gobernabilidad para los regímenes políticos del mundo árabe.

El precio de todos los productos básicos de la alimentación se dispararon aún más a partir de enero del 2011, hasta índices que la FAO no registraba desde el comienzo de las mediciones en 1990 por parte de especialistas de la ONU. Los países árabes se vieron con serios problemas para mantener sus estándares de importación de granos, lácteos y otros alimentos. Los productos en riesgo: arroz, trigo, maíz, aceite, azúcar, sal. Consecuencias directas: millones de personas que ya son pobres deben gastar casi hasta el 80% de su sueldo en comida.

Las poblaciones más afectadas fueron los habitantes de los territorios rurales del Norte de África y el Oriente Próximo, miembros de grupos tribales y con fuertes víncu-los clánicos de las zonas montañosas y desérticas que no tienen suficiente agua, superficies agrícolas irrigadas, o con insuficiencia de ambas cosas (el Rif, Kabilia, la Cirenaica, Suez). Mientras menos agua, menos granos. Mientras más alto el precio del petróleo, más alto el costo de los alimentos. Mientras aumenta la burbuja especulativa de los hidrocarburos, todos los demás precios aumentan a la par. Un círculo vicioso con tremendas consecuencias para millones de personas.

La llamada «revolución árabe» de 2011-2012 tiene su origen y se extiende precisamente en el circuito de paso rural/urbano de las comunidades étnicas del mundo árabe musulmán, incluyendo aquellos países con una menor presencia de grupos étnicos no árabes, como Egipto o Túnez. Las élites políticas y económicas del capitalismo árabe de familias no fueron responsables de iniciar la rebelión, sino que se aprovecharon posteriormente del enorme caudal de energía puesto en movimiento por el sector más desprotegido y desfavorecido de estos países, las empobrecidas clases populares rurales y urbanas.

El problema de los alimentos está lejos de haber sido resuelto, desde Marruecos (que ha decidido subsidiarlos hasta nuevo aviso), hasta Sudán (*ad portas* de un levantamiento popular). La crisis humanitaria es alarmante en zonas extensas del Sahel. El 31 de enero de 2011, mientras caía el régimen de Mubarak, el precio del petróleo llegó a superar los 100 dólares por barril de petróleo Brent. En una operación de *feedback*, mientras aumenta exponencialmente el precio del petróleo, más se agrava el drama alimentario, lo cual empeora la situación social.

Pero existen problemas estructurales aún antes de la subida de los precios del petróleo y los alimentos: el arcaico problema de la disparidad entre el campo y la ciudad es una de las causas principales de la desestabilización de los regímenes de Gadafi, Ben Alí, Saleh, Mubarak y Assad. Cada una de estas causas remite siempre a la misma ecuación: desequilibrio entre el mundo rural y el mundo urbano, pobreza creciente, incremento demográfico en las ciudades.

Los tres fenómenos centrales del mundo árabe en términos sociológicos en los últimos cincuenta años han sido:

a) crisis de la economía agraria: fracaso en el proceso de industrialización, los campesinos no logran salir de la pobreza, lo que genera masivas migraciones hacia el Norte;

b) desregulación, apertura a los mercados internacionales (con fuertes inversiones francesas, alemanas, italianas, chinas); y

c) explosión demográfica.

Estos fenómenos influyeron poderosamente en la psique colectiva, que no solo desea la democracia política, sino además el bienestar material, en otras palabras, tener acceso a la propiedad privada y el beneficio. Pero este deseo colectivo de acceso al bienestar material choca de lleno con los intereses de las oligarquías del capitalismo árabe de familias. El resultado de este choque, la imposibilidad de hacer asequible la riqueza para todos, sin que existieran válvulas de escape, es la causa central de la llamada «Primavera Árabe» de 2011-2012.

El ámbito árabe musulmán se ha adelantado a buena parte del mundo en un hecho, la aparición del torbellino de la «tormenta perfecta», que incluye la explosión demográfica y la alta tasa de desempleo, un aumento del precio de los alimentos básicos, producto de la especulación financiera y el cambio climático, una elevada deficiencia hídrica, suelos degradados, una distribución desigual de los recursos agrícolas y de la riqueza energética, y una empobrecida y subdesarrollada economía de renta (capitalismo de familias árabe).

En un mundo con graves desequilibrios de distribución de la renta y riqueza, si los chinos y los indios comen más y mejor, la otra parte de la humanidad necesariamente pasará hambre. Apenas Rusia y Ucrania han dado vuelta al grifo de sus granos, el resto del mundo ha temblado: aquellos países que no lograron acumular rápidamente reservas están en una crisis alimentaria desde por lo menos el 2008 (haber sido previsor en acaparar arroz y trigo sostuvo al argelino Buteflika en un año fatídico para sus vecinos). La crisis alimentaria mundial que se avecina a finales de 2012 es el preludio probable de toda una serie de acontecimientos que profundizan las *Protestas del Hambre* iniciadas en 2008 y reforzadas en 2011.

Estamos en el inicio de un nuevo ciclo histórico en el que la ecuación entre alimentación y crisis política se vuelve cada vez más peligrosa e inestable. Los egipcios, que gastan la mitad de su sueldo en alimentos, no pudieron soportar la avalancha de los malos tiempos a principios de 2011. Túnez, Libia y Siria cayeron también entre 2011 y 2012. Arabia Saudí, Jordania y Marruecos tuvieron que proceder de inmediato a subsidiar los alimentos básicos, una medida que no puede ser desactivada en los próximos años, salvo riesgo de acercarse al caos social[53].

Los actuales gobiernos de los países árabes no tienen una respuesta convincente para estos problemas, ni podrían tenerla, habida cuenta su propia estructura de desequilibrio político y económico. Tampoco tienen una estrategia de modernización política convincente, ni una estrategia de lucha contra el analfabetismo, el desempleo o la marginalización. Aunque 75 millones de campesinos egipcios no estaban en las protestas de la Plaza Tahrir, eran 75 millones de protestantes silenciosos que apenas logran sobrevivir en las actuales condiciones.

Resulta por lo menos significativo que las revueltas árabes se han originado, en cada uno de sus respectivos países, a partir de la combinación del triple factor agricultura-energía-

---

53. Un 60% de los mil millones de personas que sufren hambre en el mundo son mujeres que viven en el ámbito rural, un porcentaje marcado en el caso de los países árabes (un hecho directamente relacionado con la mortalidad infantil).

etnicidad/campesinado. En otras palabras, el origen de los estallidos siempre ha surgido en zonas o bien de un alto valor en la producción agrícola de alimentos como en Asuán (Egipto) y Deraá (Siria), de yacimientos de hidrocarburos (Argelia, Libia), de conflicto étnico y religioso (Egipto, Yemen), y en todos los casos anteriores, de la alta densidad de comunidades tribales y clanes tradicionales que dominan el tránsito entre el ámbito rural y el espacio urbano: Gafsa (Argelia), Cirenaica (Libia), Sinaí (Egipto), Deraá (Siria), Amran (Yemen) y Tombuctú (Malí).

Comprobar esta constante nos permite prever que los conflictos políticos, sociales y económicos en cada uno de estos países revisten un marcado carácter territorial, étnico/rural y energético, una pauta que va configurando el nuevo reparto de poder en el escenario geopolítico y geoeconómico. Como quedó expresado en una obra anterior, el conflicto político que se ha denominado «Primavera Árabe» se puede concretar en la trilogía armas (conflicto) —tribus (etnicidad)— petróleo (energía y alimentos)[54].

Bajo la superficie de la lucha entre las élites árabes por el cambio de poder y la renovación de la dirigencia local, las revueltas esconden una profunda y sostenida contienda por el control de los recursos energéticos y alimentarios, de los aparatos bélicos y de los segmentos sociales étnicos y campesinos que están por fuera del sistema de reparto de los beneficios económicos.

De estos tres factores, el elemento étnico/rural ha sido el menos reconocido hasta ahora por los especialistas, y el menos divulgado por la academia y la prensa. Este vacío se debe en parte a la suposición de que las sociedades árabes son mayoritariamente urbanas, cuando en realidad son una

---

54. Gil, Jesús; Lorca, Alejandro; James, Ariel José. *Tribus, Armas y Petróleo. La transición hacia el invierno árabe*, Algón Editores, Granada, 2011.

combinación desigual entre mundo rural y urbano, con la balanza económica y de desarrollo social claramente a favor del mundo urbano.

Los países del llamado mundo árabe —en realidad deberíamos decir «mundo arabizado»— no han completado la transición demográfica, la alfabetización y escolarización de la niñez y la juventud, ni el proceso de industrialización al estilo de Europa. Europa y el mundo árabe son dos escenarios que comparten un mismo tiempo lineal, pero no una misma temporalidad colectiva. De todas maneras, en solo cuatro años (2008-2012), que coinciden con las crisis del hambre, en el mundo árabe se ha generado una transformación política de mayor envergadura que todos los cambios anteriores en los últimos dos siglos de historia.

De 2002 a 2008 las naciones árabes lograron reducir los índices de pobreza absoluta de la mano de la política norteamericana y europea de apoyo económico a los países que luchaban contra el terrorismo global. Pero este logro parece que se encuentra en un proceso de franca reversión desde el año 2008. Según los últimos datos del Banco Mundial, que llegan hasta 2008, el 13,9% de la población del Oriente Próximo y Norte de África vive con menos de 2 $ por día (por debajo del ratio de América Latina en su conjunto). Pero la situación no ha hecho sino empeorar desde entonces. Aún en el cálculo más conservador, el de 2008, justo antes de la crisis del hambre, estamos hablando de 44.4 millones de personas por debajo o al límite de la línea de pobreza[55].

Un cuarto de la población árabe es pobre, y tres cuartas partes de esa población vive en zonas rurales: personas que consumen tres tercios de sus ingresos en conseguir comida

55. <http://siteresources.worldbank.org/INTPOVCALNET/Resources/ Global_Poverty_Update_2012_02-29-12.pdf>. Consultado el 12 de agosto de 2012.

para seguir sobreviviendo. Un pequeño incremento en los precios básicos provoca aquello que el Banco Mundial llama «largos impactos». Las importaciones de alimentos se incrementarán en los próximos veinte años en un 64%, esto significa que a largo plazo el actual modelo de desarrollo económico del capitalismo árabe de familias es insostenible[56].

FACTORES MEDIOAMBIENTALES: EL CASO SIRIO.

El agua es el recurso clave en Oriente Próximo y en toda la región de la ribera sur del Mediterráneo. En los últimos treinta años se han experimentado transformaciones en el ecosistema de Mesopotamia debido a los cambios en el curso de los ríos y las construcciones de nuevas presas. La erosión del terreno en Siria afectaba a principios de siglo a una quinta parte del territorio total, pero se ha incrementado en los últimos diez años a niveles alarmantes.

Siria es un país de diversos contrastes físicos regionales que, en cierta manera, condicionan su geografía humana. Existe una concentración de población en la franja costera mediterránea, con las ciudades de Hama y Homs como dos puntos clave del curso del río Orontes, con una llanura costera muy húmeda que desemboca en el *mare nostrum*. La zona de las montañas costeras, donde habitan grupos de alauíes y drusos, es una de las zonas con mayor pluviosidad del país. Zona boscosa, donde las actividades agrícolas contribuyen a la reducción de la masa forestal, un caldo de cultivo perfecto para el aumento de la erosión.

---

56. Al parecer solo los países del Consejo de Cooperación del Golfo (Bahréin, Kuwait, Omán, Qatar, Arabia Saudí, Emiratos Árabes Unidos), están en la actualidad capacitados para resistir la avalancha de precios altos de los productos básicos.

Sin embargo, sus dos principales ciudades están al norte y oeste del desierto: Damasco, en la zona central del país, dividida por montañas de la costa, cuyo límite seria Idlib, a una antigua hora de coche al sur desde Alepo[57], que es una zona semiárida; y como puente al norte de Mesopotamia y al Mediterráneo, la estratégica Alepo, una de las más antiguas ciudades pobladas del Oriente Próximo.

La zona de Hama-Homs tradicionalmente está entre las más fértiles del país. Sin embargo, el paisaje, como en otros países en la zona, se ha visto poblado de represas en la última generación, el buque insignia de los regímenes de la zona (siendo el lago *Buhayrat al Assad*, el mayor del país), pero con dramáticas consecuencias para el ecosistema; en el caso de la mayor citada, su evaporación en los meses calurosos sobrepasa el 30% del volumen. La presa de Tabqa, orilla arriba de la ciudad de Raqqa, fue finalizada hace unos treinta años. El pantano que le rodea es el llamado «lago Assad», una gran masa acuática que alcanzó los ochenta kilómetros de largo y ocho de ancho en su mejor época.

Uno de los casos más extremos de daños al medio ambiente en el caso sirio son las presas de Iraq, con efectos adversos sobre la zona del Shatt el Arab, antes con abundantes pantanos naturales y una vida local que está desapareciendo a paso rápido.

Los desastres naturales que ha sufrido Siria en los últimos años, unido a la opacidad y corrupción del régimen, crearon un agudo malestar en la población. A primeros de junio de 2002, la presa de Zeyzun en el Orontes (un proyecto siro-japonés) colapsó unos 350 km al norte de Damasco. Como consecuencia, varias decenas de personas murieron («solo 20» según la agencia oficial de noticias

---

57. Se entiende que antes de la guerra civil.

Sana), pero además sus consecuencias sobre el medio natural y la economía de la zona fueron atroces. Se vieron afectados muchos habitantes rurales de varios pueblos del Orontes, no lejos del área de influencia de Hama y Homs, dos baluartes tradicionales de la oposición contra el régimen. Más de 15 mil hectáreas fueron anegadas por las aguas del pantano, destruyendo muchas granjas rurales de pequeños y medianos propietarios[58].

La palabra árabe *Furat* proviene del antiguo persa, *Ufrat*, del que deriva la versión greco-latina. El río Éufrates/Furat supone la mayor parte de los recursos hídricos de Siria. En su orilla derecha, este gran río tan solo tiene algunos afluentes estacionales, los *wadi*. El Jábur, el mayor de los dos grandes afluentes de la orilla izquierda del Éufrates, en Siria, ha sufrido muchos cambios en los últimos cien años.

En vísperas de la I Guerra Mundial los cultivos eran escasos en la zona y el pastoreo de las tribus nómadas y seminómadas era la práctica común en la zona. Sin embargo, tras la II Guerra Mundial los gobiernos nacionales lograron la sedentarización de buena parte de estas tribus. Con la injerencia gubernamental desde hace algo más de tres décadas, se han producido cambios en el nivel de salinización del agua, así como un aumento en la erosión de las zonas. Por otra parte, el río tiene el cauce seco durante los veranos. La calidad del agua ha descendido y se produce una desertización progresiva y acelerada de la estepa circundante[59]. Así, las presas no solo afectan al regadío, sino que repercuten en las ciudades y la población.

Fuertes inundaciones se produjeron en la zona nordeste de Siria, aquella cercana al Jábur, a principios de la primavera de 2011. El medio rural se vio bastante afectado y la

---

58. Cf. Fotos del *NASA's Terra satellite*, june 3, 2002.
59. Cf. Hole, F. 2003, «100 Years of Land Use Change in the Khabur Drainage, Syria», *AGU Chapman Conference* on Ecosystem Interactions with Land use Change, june 14-18.

agencia oficial Sana solo reportó algunas víctimas infantiles, de una misma familia, y apuntó a su origen foráneo (problemas ambientales en Iraq).

El Balih, el afluente menor del Éufrates sirio, se origina en las fuentes de 'Ayn al-'Arus, no lejos de la frontera turca. Se junta con el Éufrates en la moderna ciudad de Raqqa. La zona cobró gran notoriedad para los occidentales, cuando en los albores de la II Guerra Mundial el arqueólogo Max Mallowan, esposo de Agatha Christie, que le acompañó en los viajes, realizó una investigación y prospección en el río. Una de las zonas más afectadas por la erosión del viento fue la estepa entre el Balih y el Jábur, tradicionalmente una de las zonas más fértiles hasta la independencia del país. Sufrió con el exceso de cultivo de cebada durante las últimas décadas.

La irrigación de las tierras alrededor del Éufrates sirio ya tuvo lugar desde al menos hace casi seis mil años. Después de la independencia del país se introdujo el cultivo del algodón, el cual necesita de mucha agua. Debido a un mal sistema de drenaje y un aumento del nivel de agua subterránea, muchas tierras de cultivo fueron abandonadas tan solo unos diez años después. En las últimas décadas el tema del uso de la aguas de los diferentes ríos ha sido motivo de discusión entre los diferentes países vecinos.

La Siria de los Assad mantuvo muchas reuniones bilaterales con Turquía al respecto, insistiendo en que se trataba de ríos internacionales y que su uso se cimentaba en antiguas tradiciones. Siempre intentó que las Naciones Unidas se inmiscuyesen en el suministro de agua. El tema fue gran motivo de fricciones, que se congelaron durante los dos primeros mandatos del premier Erdogan. Pero, en definitiva, las presas turcas han supuesto siempre una confrontación entre Turquía y sus vecinas Siria e Iraq. Turquía es el único país de Oriente Próximo que tiene superávit de agua.

La estepa siria, *al-badia*, supone poco más de la mitad del territorio total del país, pero las estimaciones suponen que tan solo alberga poco más de un millón del total de habitantes de Siria. Es una zona que se encuentra por debajo de los 200 mm de lluvia anual; en el caso de la estepa de Alepo alrededor de 175 mm. No hay derechos de propiedad privada en la estepa siria. Sin embargo, el gobierno proporcionó determinadas zonas para algunas familias con el supuesto de mejorar las condiciones de esa zona.

Hasta la independencia de Siria en 1946, la zona esteparia se dedicaba en gran parte a los pastos para animales. Sobre la zona de pastoreo existían unos derechos tradicionales para determinadas tribus o clanes. El proceso de pastoreo se realiza tan solo la mitad de los doce meses del año. Con el tiempo esta práctica ha venido menguando. Sin embargo, un tercio de los habitantes actuales de la zona son tribus nómadas o seminómadas (estos últimos son poblaciones trashumantes durante parte del año pero con una casa o lugar de partida en el núcleo urbano). Desde la ascensión al poder de los Assad se inició una política de control estatal de las zonas tradicionales de pastoreo.

No gusta a los gobiernos de la zona la existencia de grupos tribales que cruzan las diversas fronteras y viven entre varios países, que escapan a su total control político. Durante los meses estivales, los pastores sirios abandonan la zona de los pastos debido a la falta de agua; habitualmente solía ser entre los meses de mayo y septiembre, pero por la carestía de agua se han acrecentado los meses.

La zona de la frontera norte con Turquía y el Jábur eran los habituales destinos veraniegos de los rebaños de ovejas que se alimentaban de los restos de cosechas. Durante siglos la alimentación de los rebaños siguió un ciclo natural que permitía a la hierba surgir después de unas lluvias que tenían lugar durante los meses de noviembre y diciembre. Los arbustos crecían durante la primavera. El progresivo cambio en la primera década del siglo XXI alteró el ciclo en Siria y se produjo un grave deterioro de la estepa con la desaparición de beneficiosos pastos y un proceso de sequedad de la tierra.

Los principales recursos hídricos de la estepa consisten en acuíferos subterráneos. Determinados pozos estuvieron bajo el control de algunas tribus a lo largo de la Historia. Bajo la dirección del ministro Hiyab, el régimen inició una propaganda agrícola defendiendo la nueva excavación de pozos y un supuesto mantenimiento de los mismos, con una serie de guardianes y empleados del Estado a tal efecto. Se llegó a diversas fricciones tribales que acabaron en los juzgados en ocasiones.

El régimen acosaba a determinadas tribus dedicadas al pastoreo. Estas, a pesar de la limitada cantidad de agua y la finalidad última de proveer agua a los rebaños, defendían el derecho de determinados clanes que atesoraban el agua en grandes cantidades para otros fines. A comienzos de la presidencia de Bashar el Assad en el año 2000 se dispuso una serie de reservas especiales de pastoreo delimitadas dentro de la estepa. El régimen pretendió que el pastoreo se realizase tan solo en los meses de abril y octubre. Pero este objetivo no se cumplió ni en una tercera parte.

Un año antes del inicio de la revuelta en el país, 2009/10, Siria y el norte de Mesopotamia experimentaron uno de los inviernos más fríos de los últimos años. Con una cantidad de precipitaciones en forma de nieve mayores que lo habitual en su invierno, pese a los fríos inviernos de la estepa siria. La erosión del viento sobre los suelos aumentó en la estepa.

El régimen sirio intentó dominar la producción agraria bajo unas condiciones que beneficiaban la política de determinadas familias con intereses particulares, adictas al régimen desde finales de los años setenta. Mientras el caudal de las aguas de los ríos menguaba, la erosión atacó principalmente aquellos cultivos de la estepa. La zona esteparia alrededor de Deir ez-Zor fue una de las más castigadas por este tipo de erosión en los últimos años, lo que condujo al abandono de cultivos y casas para muchas familias.

El cuadro de lo acontecido en Siria refleja una pésima gestión gubernamental de los recursos medioambientales y alimentarios. Pero este fracaso gubernamental tiene antecedentes en el pasado. Vamos a retroceder hasta el papel de Lawrence de Arabia, Wassmuss y Meinertzhagen, en la configuración del mapa político del Medio Oriente. Esto nos permitirá entender después la relación entre la estructura de los Estados árabes y la forma económica del capitalismo árabe de familias, nido del águila de las guerras en la arena del Islam.

5

Siria: el Rubicón del Mundo Árabe.

LAWRENCE DE ARABIA: EL DISEÑO DEL MAPA DE LAS NACIONES.

Siria ocupa un territorio con una larga historia y una rica prehistoria, una región destacada desde periodos anteriores a los albores de la agricultura, con un papel clave en la revolución neolítica de Mesopotamia[60]. La media Luna fértil es una zona de confrontación de los imperios a lo largo de la Historia. Las grandes civilizaciones e imperios de Siria fraguaron la configuración del viejo mundo antes de la irrupción de Alejandro Magno en la Historia de Oriente, y, con él, el primer intento de dominio de la región por parte de Occidente, lo que sucedió en diversos periodos alternos de los últimos 2400 años.

Pero no solo para un historiador de la región, sino incluso para un lector curioso, hay un hecho que llama poderosamente la atención: Siria ha cumplido siempre un papel geoestratégico no como zona de frontera de varios Estados guerreros, sino como frontera de imperios[61]. Un papel que

---

60. Un ejemplo relevante es que los primeros homínidos de la región hicieron acto de presencia en la zona del río Orontes o cerca de Raqqa, en el río Balih, el otro gran afluente del Éufrates. Y, sin embargo, las primeras huellas del Homo Sapiens son más escasas en los vecinos Iraq e Irán.

61. La lejana China se conoce por primera vez en Occidente gracias a una embajada china que se presentó en una ciudad de Siria, posiblemente Antioquía, con el fin de intentar establecer relaciones comerciales

quiso seguir jugando a lo largo del siglo XX, entre Oriente y Occidente, así como entre el socialismo y el capitalismo en la época del telón de acero. La misma Siria fue origen de varias religiones que desde la república imperial romana se introdujeron en Occidente[62].

Desde época preislámica las tribus árabes definieron a Siria como uno de sus principales territorios de paso y comercio. Incluso algún miembro tribal árabe llegó a un poder destacado en los Imperios de la época clásica: quizá el más relevante fue el emperador Filipo el Árabe. La misma Siria era parte importante de la frontera oriental de los imperios romano y bizantino. Varios emperadores no solo vivieron durante algún periodo de sus vidas en la región[63], sino que incluso nacieron o murieron en este territorio[64], que más al

---

con el Imperio romano de la época del emperador Nerva, en el año 97. La zona acabará por ser determinante en la Ruta de la Seda que se inició plenamente en el siglo II. Ya en el III milenio a. C. supuso la división entre las poderosas ciudades-Estado del norte y sur de Mesopotamia. Con el II milenio fue el territorio que dividía a hititas, mittanios y asirios (de donde no solo deriva su nombre sino el de los «cristianos orientales»), cuando no el punto de división e influencia directa con el antiguo Egipto. Tras la llegada del Imperio Romano también se repitió el mismo esquema, apareciendo ciudades-Estado como Palmyra que se enfrentaron al gran Imperio por cuestiones comerciales. Bizancio y la aparición del Islam no suponen una excepción a este continuo.

62. Las mismas religiones mistéricas que ofrecían la salvación tras la muerte y que no solo provenían como es creencia popular de Asia Menor (Turquía actual), Persia o Egipto.

63. El «sevillano» emperador Adriano fue gobernador de Siria a principios del siglo II. Esta fue siempre una de las provincias más ricas y poderosas del Imperio. Séptimo Severo, que tuvo una «relación de amor y odio» con Siria, llegó a residir con posterioridad en ella, con sede en Palmira.

64. El caso del emperador Macrino en el 218. Su sucesor Heliogábalo, sumo sacerdote del dios Baal, era natural de Siria. Otros emperadores del Bajo Imperio encontraron su destino aquí: Valeriano, donde residió oficialmente y donde fue derrotado por los persas sasánidas, y hecho prisionero hasta fallecer en cautiverio.

oriente tuvo a diversos imperios persas como el gran rival de «Occidente»[65].

El Imperio británico dentro de su «Gran Juego», es decir, la confrontación con el Imperio ruso desde el siglo XIX, con el pivote primordial de la ruta Mediterráneo-Suez-India, necesitaba el control del Levante. Y ahí es cuando aparece uno de sus más destacados agentes en los albores de la I Guerra Mundial, T. E. Lawrence, más conocido como «Lawrence de Arabia».

Lawrence de Arabia, agente británico y principal conspirador a favor de las emergentes naciones árabes, conocía las tribus del Éufrates desde la estancia en Karkemish como arqueólogo desde 1909 hasta junio de 1914, en vísperas de la I Guerra Mundial, cuando era manifiesta su antipatía hacia los colonizadores alemanes. Lawrence era un británico de su época en el sentido victoriano del término, defensor de las bondades naturales del Imperio, pero aún así tenía remordimientos continuos sobre la falta de incumplimiento de las promesas de independencia de libertad, que él mismo había hecho en nombre del gobierno del Reino Unido. De cualquier modo, el eco de Karkemish perseguiría a Lawrence durante su vida. Karkemish, un «París de hace cuatro mil años» en donde realizó sus principales excavaciones arqueológicas, se sitúa en Barak (Turquía), pero sus barrios populares y suburbios de la época están en territorio sirio, repleto de minas antipersona desde la época de los Assad. Justo al otro lado de la Karkemish de Lawrence de Arabia comienza el territorio de la contienda actual, que siempre ha sido antiguo puerto y zona de cruce del río Éufrates, y por tanto de rutas comerciales.

---

65. Pese a todo, la zona a lo largo de su historia no fue tan belicosa como la región occidental del Imperio romano, pues incluso hay periodos (con los emperadores Severos) donde no se sitúo ninguna legión en la zona, y en el peor de los periodos no se sobrepasaron las cuatro legiones.

En Siria, Lawrence redactó la primera versión de su libro *Los Siete Pilares de la Sabiduría*, una especie de cuaderno de reseñas de viajes. Uno de sus asistentes preferidos en las excavaciones, Dahum, siguió en contacto con él durante la rebelión árabe, en la que murió casi al final víctima de unas fiebres. Un souvenir de una tumba infantil se encontraba posteriormente a la Gran Guerra en el colegio mayor All Souls, según nos relata su mejor biógrafo y amigo Robert Graves. Incluso en la primera película que se preparó en los años treinta, dirigida por Alexander Korda, la acción y su motivación posterior arrancaban de esta fronteriza localidad turca con Siria.

Lawrence se apoyó en su lucha de 1917 contra el imperio otomano en las más poderosas tribus del momento: los ruwalla del desierto sirio septentrional, los Harb de Arabia, los Agayl, los atayba, los howeytat, los dhumaniyeh y los shaalan. Algunas de estas tribus, como los ruwalla, siguen teniendo un peso político específico en los acontecimientos de un siglo después, manteniendo su relevancia en el desierto sirio al sur de Damasco, con carácter transnacional. En sus años de autodestierro tras la «Gran Guerra», Lawrence citaba a los ageylís como símbolo de la pasividad ante el poder sagrado e invisible, y su sacrificio de los intereses individuales en pro del bien de la comunidad. Una imagen clara de cualquier comunidad tribal en esta zona.

Los Ruwalla del desierto sirio que conoció Lawrence también aparecen en el nordeste de Jordania[66] y en Arabia Saudí, en la zona desértica. Pertenecen a la confederación de tribus Aniza, que también cubre la estepa Siria. El total

---

66. Uno de los mejores conocedores de la tribu Ruwalla es William O. Lancaster (1938), un antropólogo que fue director del antiguo British Institute at Amman for Archaeology and History (BIAAH) en la capital jordana, ahora transformada en la ambiciosa institución Council for British Research in the Levant.

de los miembros en todos los territorios oscilará entre un cuarto y medio millón.

En Jordania, la población beduina tribal ronda el millón de miembros. En Iraq supera de largo esta cifra. Pero en Arabia Saudí son más de cinco millones, quizá el país con mayor población tribal nómada del área de Oriente Próximo. Gran parte de estos beduinos son suníes, y tan solo algunos de los de Iraq profesan la Shia.

La política tribal del *indirect rule* británico fue continuada después de la II Guerra Mundial. La famosa Ley Tribal del 1960 separaba las tierras en Siria y reglamentaba incluso los tiempos y métodos de la práctica del pastoreo, un equilibrio de poder y «pax» mantenido por la dinastía Assad. Nadie en su sano juicio reclamaba más de lo que necesitaba hasta la primavera de 2011. Los Assad, por su parte, trataron de estar a bien con las grandes tribus del Éufrates, lo entendieron y administraron bien, evitando además confrontaciones en el Jábur con la etnia kurda.

Los alevitas sirios provienen de cuatro tribus principalmente: Matawira, Haddadin, Jayyatin, y Kalbiyya. La élite dominante procede de los primeros, específicamente del clan Numailatiyya[67], organizada a modo de una etnia patrilineal y jerárquica típica de la familia extensa árabe.

A principios del siglo XX, en el área de estepa cercana a Alepo dominaban las tribus dedicadas al pastoreo de ovicápridos (los Hadidiyin y Mawali) o équidos (Sba'ah)[68]. Sin embargo, nuevos disturbios violentos explotaron en la fronteriza ciudad de Al-Qamishli. Un lugar estratégico desde

---

67. Cf. Batatu, Hanna. 1981,«Some Observations on the Social Roots of Syria's Ruling, Military Group and the Causes of Its Dominance». *Middle East Journal* 35, no., 3. 331-332. Ver: Seale, Patrick. 1989. *Assad: The Struggle of the Middle East*, Berkeley, p. 8-11.

68. Cf. Rae, J.; Arab, G.; Nordblom, T.; Jani, K.; and Gintzburger, G. *Tribes, State, and Technology adoption in arid land Management, Syria.* CAPRI papers, 2001, Washington DC, p. 20.

los albores de la civilización en el Jábur sirio, que fue tal vez la primera región siria que vio urbes más antiguas que Alepo hace 5.500 años, por encontrarse a un tiro de piedra tanto del norte de Iraq como de Turquía. Se trata de una ciudad en la que convivían «pacíficamente» hasta 2004 árabes suníes, kurdos sirios y refugiados cristianos del norte de Iraq, que habían tenido sus tensiones con los kurdos iraquíes tras la I Guerra del Golfo, cuando la autonomía del norte de Iraq era solo una quimera.

Es una zona estratégica sobre la cual el visitante adquiere una rápida noción comprobando las diversas lenguas que escucha e incluso un dialecto árabe que ya no es el del resto de Siria, sino fuertemente influenciado por el árabe de Iraq. No obstante, durante décadas, al este de Qamishli y los diversos ramales del Jábur, se alzaban dos estandartes pintados de los respectivos autarcas Hafiz al-Assad y Sadam Hussein mirándose fijamente en tierra baldía y de nadie, una muestra de la particular «paz fría» que envolvió a los dos países hermanados por el partido Baaz. El régimen logró aplacar entonces la revuelta kurda con la ayuda de tribus árabes suníes.

El Jábur sirio es una zona de tribus, no solo árabes, también del milenario sistema feudal kurdo. Hay tribus seminómadas en la edad moderna[69]. Muchas de esas tribus seminómadas responden al uso del dimorfismo (economía dual) que estudiaba Rowton. Son tribus que se sirven tanto del pastoreo como de la agricultura, por eso se mueven en un arco de estepa desértico desde Siria a Arabia.

No obstante siempre se ha citado, desde el propio libro bíblico del Génesis, al *edin* («tierra de pastos» en arameo y hebreo) como ubicado en la zona limítrofe entre el río Éufrates y sus dos grandes afluentes Balih y Jábur, que

---

69. Cf. Wolf-Dieter Hütteroth, «Gerizrah under early ottoman administration (s. XVI)». Revista «libanesa» *Berytus* 38, 1990, pp. 179-184.

nacen y mueren en territorio sirio, pero cuyos metros de tierra a septentrión de ellos son ya territorio turco. En la confluencia del Éufrates con el Jábur en la ciudad de Deir ez-Zor se sumaban grandes porcentajes de la población local a las protestas en otoño de 2011.

El Balih es un río estratégico desde la Antigüedad. Hoy en día lo es también tanto como el Jábur, pues en territorio turco la cuenca del Balih ha sido objeto de compras de tierra por parte de judíos en los últimos años y tema de polémica y desconfianza en la opinión pública turca que comentaba: «buscan un Gran Canaán». Según la Biblia, el mítico *eden* estaba entre cuatro grandes ríos, área que coincide con el cuadrilátero tribal-energético con árabes, kurdos, turcos y cristianos: territorios con carencia de un gobierno central estable y con «derecho de peaje» por parte de las tribus.

Según la teoría antropológica de Rowton-Lewis, en las zonas con estabilidad política suele haber un mayor índice de poblamiento, una relación que podría ayudar a explicar el origen de la decadencia otomana en los siglos XVII-XIX en la zona de pastoreo nómada de los límites del Jábur. La zona se volvió próspera hacia la segunda mitad del siglo XX, pero con pequeños periodos de abandono poblacional ligados curiosamente a épocas de sequías y malos años, con un progresivo abandono desde los años 90. Se han notado otoños más secos desde mediados de la década de los 90 del S. XX con veranos más calurosos y extensos. El periodo de julio cntrc 1998 y 2001 fue realmente severo en la zona fronteriza siro-turca. Curiosamente coincidió con crisis políticas locales y protestas en ambos lados de la frontera.

En el Balih, zona de la presa de Assad construida en los años 70 e inundada en 1980, se encontraba un lugar, Tell es-Sweyhat, que era un asentamiento estratégico en la antigüedad que curiosamente marca el límite entre la zona cultivable y la no cultivable desde el punto de vista de «la ley tribal». En los siglos pasados, los granjeros tenían que hacer pagos extras a las tribus en épocas de debilidad política; esto no se sostuvo bajo los Assad, siendo Siria económicamente próspera comparado con otros periodos. Pero tras la presión de reformas azuzada por las cofradías religiosas hubo una brutal represión en la zona, principio del fin para la dinastía Assad. Algo semejante sucedió con los chiíes en Iraq.

Se ha comprobado que la disposición espacial de pueblos y aglomeraciones de personas en el mundo sirio-túrquico responden a una organización social y económica determinada desde épocas remotas como el Neolítico de Mesopotamia, tal y como muestran las evidencias arqueológicas. La disposición de casas y parcelas respondía en el pasado a un patrón que seguía lazos familiares más o menos estables en el tiempo. Como se sigue utilizando en áreas y propiedades tribales del actual Oriente Próximo[70], donde la pertenencia tribal, a clan o familia destacada, juega un papel determinante[71] en la vida social. También las familias destacadas siguen el mismo patrón de distribución de la tierra en los países mencionados, independientemente de su composición étnica o religiosa. Suele ser una distribución no igualitaria, pero que siempre se demarca claramente en el aspecto visual de la arquitectura[72]. Incluso la apariencia de los edificios desde hace milenios en el medio rural y su distribución interna son idénticos en la zona.

Dos personajes de la etapa arqueológica de Lawrence volverían a tener su importancia posterior en los acontecimientos de las revueltas de octubre de 1917 con la toma de Damasco. El comandante D. G. Hogarth, director del

---

70. Como en Iraq cf. Eisenstadt, L. C. M. 2007. «Tribal Engagement lessons learned», *Military Review*, september-october, p. 26.

71. Cf. Aurenche, Olivier. 1996. En los gráficos del estatus familiar en la Turquía de los años ochenta (p. 3) y el reparto tribal tanto en 'Aima (Transjordania) (pp. 2-9), como Qdeir de Siria, 1985 (p. 10) se comprueba la semejanza en el modo de vida de los poblados neolíticos y sus representantes actuales en la región.

72. Aurenche, 1996, *op. cit.*, p. 2.

proyecto, y el director de campo, Leonard Woolley, que de forma más discreta tuvo una carrera paralela a la de Lawrence, prolongada en la II Guerra Mundial. Hogarth, en su calidad de miembro de la Royal Geographical Society, fue quien intercedió por él para su inclusión en el departamento geográfico del Estado Mayor; donde trazaría varios mapas gracias a sus conocimientos directos. El inicio del primer contacto oficial de Lawrence con la causa árabe fue a través de su edición del Boletín Árabe a partir de la primavera de 1916; en él se contaban «gestas» de la rebelión en el desierto, además de animar la causa árabe. Se editaba en El Cairo, donde trabó conocimiento directo con refugiados sirios.

Tras abandonar Damasco, en octubre de 1918, Lawrence, desde su habitación en el hotel Gran Continental de El Cairo, se preguntaba sobre el destino de los árabes en manos de las grandes potencias. A finales del mismo mes, el coronel Lawrence preconizaba en su informe ante la reunión del Consejo de Guerra británico el nombramiento del emir Faisal como rey de Siria y la instalación de un gobierno árabe en Iraq.

Pocos días después de la toma árabe de Damasco se hizo saber a Faisal, de la casa del rey Hussein, y a sus partidarios tribales, que Siria estaría bajo protectorado francés. Comenzaba la extraña relación francesa con el país del Levante. Francia se oponía abiertamente a la existencia de símbolos árabes de autonomía, como la bandera de Diíllas, símbolo de la casa de Hussein. El presidente estadounidense Wilson apoyaba la fundación de un Estado árabe autónomo. La actitud francesa en la conferencia frustraba los planes de autogobierno árabe. El mismo delegado Hogarth ya no deseaba volver a pisar territorio árabe. En abril de 1920 Siria se convirtió en un protectorado francés, al mismo tiempo que en Gran Bretaña comenzaba la leyenda de «Lawrence de Arabia» gracias al periodista estadounidense Lowell Thomas.

En realidad, Lawrence era un personaje con grandes conflictos morales internos, que tenía que servir a una idea de Imperio mundial en la que él mismo no creía fielmente. Su posterior deriva hacia el anonimato, hasta desaparecer como soldado raso —muy parecida a la de Wittgenstein y a la de Virgina Woolf, por cierto, todos en más o menos los mismos años— se debe indudablemente a una aguda depresión por la frustración de no haber jugado limpiamente con los árabes. La persona real que fue Lawrence, más allá de todos los mitos, es bastante trágica. Saber que se engaña a los árabes pero querer verlos libres, es algo que el propio Esquilo habría convertido en tragedia.

El teniente coronel sir Mark Sykes, que estuvo en las tierras de Arabia brevemente; desde el principio representó los férreos deseos imperialistas británicos. Murió meses después de las conversaciones de paz en París presa de la llamada «gripe española». Tal y como Lawrence sugirió a su amigo Winston Churchill, las regiones de Transjordania e Iraq se transformaron en protectorados británicos. En 1920 comenzaron las primeras revueltas árabes en Mesopotamia contra los británicos (la película clásica de John Ford, *La patrulla perdida*, de 1933, funde estos hechos con la campaña en Oriente Próximo de los aliados en 1917). Poco después comenzaron también en Siria las primeras revueltas contra los franceses, cuyo resultado fue la expulsión del rey Faisal. Tras el verano de aquel año, en Iraq se formó un gobierno árabe provisional, mientras el territorio se convertía en una colonia bajo la tutela del gobierno británico, antes de la coronación de Faisal como rey. Su hermano Abdulá pasaba a ser el monarca de Transjordania, mientras su padre Hussein gobernaba en La Meca[73].

El Imperio británico y Francia se inventaron las fronteras con sus injerencias en las tribus. Pero el desierto y su arena unen los países inventados.

73. Korda, Michael. 2010. Hero: *The Life and the legend of Lawrence of Arabia*. Harper.

GUERRAS EN LA ARENA: REBELIONES DEL DESIERTO.

En el mundo actual se dirime un conflicto por el liderazgo en el Oriente Próximo, la confrontación entre suníes y chiíes. Una lucha de «influencia espiritual» entre Arabia Saudí e Irán. Y Siria es la pieza clave. Parece que la comunidad occidental está siendo más tímida en Siria que en el caso de Libia, a pesar de los ruegos de la ONU en la sesión especial de su Consejo de Derechos Humanos para la adopción de medidas urgentes y efectivas[74]. A finales de diciembre las víctimas sirias superaban las 5.000, aunque los órganos oficialistas del régimen dicen que tres cuartas partes son miembros del ejército. Lo cierto es que una de cada 10 víctimas es un menor de edad. Las luchas violentas entre desertores y miembros del ejército se extienden a zonas costeras y turísticas del país, como Latakia, ciudad que acabará siendo más conocida en Occidente por estos hechos que por su título de «ciudad de los deportes».

Es evidente el partido que han sabido sacar los conservadores Islamistas en varios países afectados por la llamada «Primavera Árabe», a pesar de no ser los iniciadores de las protestas en países como Túnez, Egipto, Libia, Marruecos o Yemen. Y en cierto modo, Siria sí ha tenido un eco suní detrás de los opositores opuestos al régimen. Quizá por tratarse de una lucha religiosa el gobierno está resistiendo de manera más férrea que en los otros países mencionados.

No se trataba de una lucha preeminentemente tribal o contra una pretendida corrupción, falta de empleo o falta de reformas en la Siria de al-Assad; ahora, una parte de los alevíes y cristianos están en un bando, y parte de los suníes en otro. La represión contra los Hermanos Musulmanes en

---

74. *El País/Efe*, 2 dic. 2011.

Siria desde los años posteriores a la II Guerra Mundial debe de haber ayudado. Existieron varias oleadas de rebeliones Islamistas conservadoras que fueron reprimidas con dureza por diferentes gobiernos (franceses colonialistas incluidos), y ello contribuiría a que en el caso de una caída de al-Assad, uno de los países donde la presencia del Cristianismo tiene una mayor antigüedad, el país pasaría a formar parte del arco verde del Mediterráneo sur y este.

Lawrence y Churchill fueron defensores de un tipo de panarabismo benéfico para Occidente, y su estela intelectual fue sostenida inconscientemente por los líderes panarabistas, más o menos autoritarios, posteriores a la II Guerra Mundial, aunque esta vez amparados en un discurso nacionalista y antiimperialista. El celo religioso fue desterrado de sus mentes; nada podría hace presagiar que el resentimiento y falta de estímulo por parte de Occidente le llevase a la masa poblacional de los países costeros del Magreb y Mashreq a refugiarse en una visión más conservadora de un Islam político. Surgido de las urnas, el Islamismo político era un factor aglutinante de la sociedad al cual no se adhirieron las élites de cada país, en un principio, pero sí su masa, en contra de lo que habitualmente preconizaban las élites políticas y comerciales habituales. Otra innovación respecto a los jóvenes tribales anti-sheijs que han venido apareciendo en Libia.

Tal vez el régimen al-Assad era consciente de ese énfasis militar en Libia durante la primavera de 2011, y por ello reprimió con dureza las manifestaciones. No se podía prever en marzo de 2011 la súbita finalización de varias dictaduras del Magreb, convertidas en «democracias» sui generis de acuerdo con el concepto europeo de gobierno.

A finales de diciembre de 2011 la represión aumentó en Siria pese a la presencia de los observadores «internacionales» de la Liga Árabe. Se empleó la artillería pesada en Homs por parte del ejército sirio, mientras los opositores y la ONG estadounidense «Ya Basta» denunciaban la estancia de observadores árabes en hoteles de lujo de Damasco (de los que a veces tardaban días en abandonar[75]) y su cooperación con el régimen, encabezados por un general sudanés, Al Dabi, de dudosa reputación, acompañado de algún que otro ayudante sudanés.

Esto engarza con la denuncia hecha recientemente en Madrid de la tibieza de la Liga Árabe en el reconocimiento del nuevo gobierno libio[76]. Parece producirse una continuidad de los regímenes dictatoriales en el seno de la Liga, pese a que varios países árabes ya han cambiado la cabeza del Estado.

¿Entraba esto dentro de las previsiones e intrigas de Amro Musa cuando se presentó a las elecciones egipcias? Posteriormente, quizá por las presiones internacionales, los observadores de la Liga Árabe visitaron Homs[77], e incluso el general Al Dabi declaraba:

> Hay violaciones de derechos humanos, pero no se puede determinar si son obra de las autoridades o de terroristas, (…), en algunos lugares se nota un poco de alteración, pero nada alarmantes[78].

El portavoz de los opositores declaraba asimismo que los observadores fueron tiroteados «pero salvados por el pueblo sirio». La visita de los observadores fue un fracaso además de una mera fachada, una visita colmada de «corrección política».

Sin embargo, este fracaso posibilitó que en abril de 2012 tuviese lugar una presencia mayor de observadores internacionales de la ONU bajo el mando de un veterano militar

---

75. El gerente de una cadena hotelera de un país musulmán nos confiesa que el confort es la primera preferencia de un visitante árabe en un hotel.

76. Conferencia de Omar el Kijia, Casa Árabe, 16 noviembre 2011.

77. *EFE*, 29/12/11.

78. Según el canal sirio Ad-dunia.

noruego, David Mood; sin intervención militar directa de Occidente pero bajo observación, no solo de civiles, sino de un medio centenar de militares extranjeros, con la excusa de supervisar las elecciones que se iban a celebrar. Su trabajo fue muy difícil e incluso Mood vivió de primera mano la violenta situación. El caso más sonado fue el atentado sufrido un mes después por el convoy de la ONU a su paso por la ciudad de Deraa. Kofi Annan fue designado en la misma época enviado especial tanto de la ONU como de la Liga Árabe al conflicto, incluso expuso un plan con seis puntos principales, pero dimitió a mediados del verano con quejas a las nulas ayudas de las potencias internacionales a su labor.

Las elecciones legislativas sirias de mediados de la primavera de 2012 fueron consideradas como un monumental fraude por la oposición (otra victoria aplastante del partido del régimen), y no concurrió a las urnas. El régimen pensaba que frenaría las voces internacionales, pero se equivocaba, existía una tendencia internacional para acabar con la Surya al-Assad y el Baaz ya no podía frenarlo[79]. El régimen de algún modo estaba acabado desde el inicio de las protestas rurales en antiguos bastiones.

Siria se transformó en una república independiente un año después de la II Guerra Mundial, pero, con posterioridad, formó junto con Egipto una breve república, la República Árabe Unida, en 1958, menos de 10 años después del primer golpe militar (hubo tres en el año) apoyado por EE. UU. El presidente electo en 1954, Shukri al-Quwatli (el depuesto durante el golpe), imbuido del nasserismo y panarabismo, accedió al experimento, pero solo aguantó tres años tras la separación de Siria. Como resultado, el sistema de república parlamentaria de Siria se vio influido

---

79. Se supo el 11 de septiembre de 2012 que Rusia no quería ya a Assad en un hipotético gobierno de unidad nacional en la Conferencia de Ginebra del verano pasado (cf. entrevista del periodista Charlie Rose a Foffi Annan).

por las ideas de una república presidencialista faraónica muy centralizada.

Los ciudadanos de la república unida se sentían egipcios o sirios. Los funcionarios hicieron repetir a cada uno la palabra lápiz, *qalam*, y aquellos que no pronunciasen la 'q' (una característica dialectal del árabe en Siria) no permanecían en territorio egipcio y se marchaban a Siria. El partido Baaz accedió al poder tras el golpe militar de 1963, al que siguieron otro en 1966 y el definitivo en 1970, con el cual el entonces ministro de Defensa, Hafiz al-Assad, accedió al poder e instauró una dictatorial república hereditaria y clánica apoyada en la autoritaria figura del pseudo-socialista partido Baaz, único partido legal. En el año 2000, el presidente vitalicio Hafiz moría de una fibrosis pulmonar como consecuencia de una larga leucemia que le llevaba a cambios sanguíneos y tratamiento en Houston (Texas). Era elegido sucesor su segundo hijo, Bashar, a la edad de 34 años, como en las dinastías reales de la antigüedad, donde el culto a la personalidad de los regentes y su familia no difiere de los sátrapas árabes del siglo XX.

Se ve claro que antes o después caerá el régimen familiar el-Assad en Siria, y que la intervención militar externa sería un paso importante para acelerar la caída del régimen[80]. Un impulso en el principio del fin de los Assad fue el atentado del pasado 18 de julio de 2012, que acabó con varios miembros e hirió a otros de la élite del régimen. Entre los muertos figuraba Assef Shawkat, el cuñado de Bashar, que estaba casado con Bushra, su hermana mayor, y que era un partidario de la mano dura y la represión durante su mandato como jefe del Estado Mayor.

Para la supervivencia del régimen durante unos meses sobrevivió quizá su hombre clave, el firme primer mi-

---

80. Para una percepción similar cf. Arteaga F. 2012. «Siria: la caída del régimen, entre la intervención externa y la guerra civil», *ARI*, número 93, pp. 17-18.

nistro Dr. Hiyab, procedente de un clan familiar suní de la zona de Deir ez-Zor, conocedor del entramado rural (con un breve periodo como Ministro de Agricultura) gracias a haber recibido educación universitaria y hasta un doctorado en «ingeniería agrícola» (lo que aquí sería una diplomatura derivada de la antigua FP) y de los que poco parece haberse aprovechado, dada la degradación y estado catastrófico progresivo de la agricultura siria en la última década.

Incluso su época de gobernador de Quneitra, en 2008, coincidió con los problemas sociales y medioambientales, y son muchos los habitantes de la zona que lo ven como uno de los corruptos culpables del régimen. Éste lo premió como gobernador del baluarte aleví de Latakia. Su nombramiento como primer ministro fue una acertada elección, vista la situación, un cargo para el que el anterior responsable, el oficialista Adel Safar, hombre de maneras más políticas, fue nombrado tan solo tres semanas antes del atentado.

Su posterior defección del régimen[81], supuestamente el 5 de agosto de 2012, significó en parte el principio del fin; el tecnócrata que lo sustituyó no tiene su aplomo y no sirve en modo alguno para fortalecer el régimen en el momento que se jugaba la batalla decisiva en Alepo. Para su huida a Jordania se valió de los pactos entre clanes y su conocimiento del país vecino, al que Siria suministraba grano en los pasados días felices de Hiyab como ministro agrícola, el principal activo productor del país. Tras la deserción de Hiyab a Jordania, otros antiguos acólitos le siguieron. Uno de los más notorios fue el vicecomandante de la policía en Siria Central, el general de brigada Ibrahim Fawaz al-Yabawi, que aseguraba la implicación iraní en la guerra civil.

81. No se tiene constancia del paradero de su inmediata familia, su esposa y cuatro hijos, pero se les supone en Jordania.

Por otro lado, Quneitra es una zona importante puesto que es la provincia que cubre administrativamente la única porción de los Altos del Golán que controla Siria (600 km², y que los árabes llaman Yawlan, no Golán) con unas 40 poblaciones. Según el medio de comunicación *Sana* (Syrian Arab News Agency), los habitantes sirios de la zona son cerca de ochenta mil. Según la BBC, en la actualidad son veinte mil los habitantes del lado israelí. Zona de paso de tribus cuyos miembros habitan entre los dos países, entre ellos varios grupos de clanes circasianos y drusos, algunos de los cuales cuentan con la nacionalidad israelí. Curiosamente hay algunos grupos de alauís en el Golán que aceptaron la nacionalidad israelí hace unos treinta años. Los restos arqueológicos nos dicen que en la edad del bronce la zona del Golán estuvo habitada por los amoritas hasta el II milenio, cuando llegan poblaciones arameas. Estos fueron los fundadores del reino de Aram (en las inmediaciones de Damasco), cuya ciudad Estado dominaba hasta el mar de Galilea.

Según la tradición bíblica, en la mítica era de los patriarcas (bronce medio-reciente, II milenio, si nos circunscribimos a hechos históricos), los hijos de Israel conquistaron la zona derrotando a los amoritas. Hay un museo arqueológico en la prefectura israelí de Katzrin. Fue el actual ministro Walid Muallem quien dijo en el 2009, después de los «disturbios del pan» en varios países de Oriente Próximo, que Israel debía dar incondicionalmente los Altos del Golán a Siria, dando respuesta a unas palabras de Simon Peres en junio de aquel año, que ligaba Siria a Hizbolá e Irán.

En el lado sirio, la ciudad de Quneitra, la mayor urbe de la zona, fue capturada por Israel en la guerra de los Seis Días y devuelta en 1974. El gobierno de Assad tiene una obsesión especial con la zona, más aún con las tribus de Quneitra que apoyan la revuelta. Los Altos del Golán es una zona agrícola muy buena para la vinicultura y, además de contener la única fuente relevante de agua potable de Israel, es una zona que produce hidrocarburos desde inicios de los años 90.

El recambio de primer ministro para Assad, después de la fuga de Hiyab, es Wael Nader al-Halqi, el antiguo ministro de Salud, para nada un hombre tan duro como el Dr. Hiyab. Se trata de un suní que proviene de la zona de Deraa. Su ascensión al poder va pareja a la época de Bashar al-Assad, de ahí su elección como premier títere. Durante 3 días hubo un interregno cuando un miembro del baaz, un suní de Tartus que había hecho su inicial carrera política en Latakia, Omar Ibrahim Ghalawanyi, fue el primer ministro transitorio. Tras la deserción del Dr. Hiyab, Bashar al-Assad comienza a confiar en los hombres de su generación más que en viejos cuadros del Baaz del periodo de su padre.

El general de división Mohammed al-Shaar, que parece estar recobrándose de las heridas del atentado del pasado 18 de julio[82], es una de las figuras capitales del régimen de al-Assad que sirve de enlace con los representantes de la época de Hafiz al-Assad. Proviene de uno de los citados clanes familiares alevís de Latakia, con una fama de duro y violento en su época de jefe de la policía en Alepo y como alcaide de una famosa prisión, Sednaya. Por ello es uno de los doce individuos a los que se les sancionó por la UE en 2011. Otro de ellos es Maher al-Assad, hermano menor de Bashar, que encarna la represión del régimen durante el inicio de las revueltas y quien se encarga de las fuerzas de seguridad en Damasco. Siendo el jefe de la guardia republicana y una división del ejército, es uno de los hombres claves del régimen, y quizá de su destino postrero.

El nombramiento de Walid Muallem para el cargo de Ministro de Exteriores, aparte de su lealtad al régimen, obedece a varias razones. Pertenece a la minoría cristiana ortodoxa y pretende ser una cara amable del régimen frente

---

82. Sin embargo, la CNN lo consideraba muerto en el atentado y, dicho sea de paso, fue bastante sofisticado, no pareciendo obra de inexpertos amateurs, cf. «Top Syrian officials killed in major blow to al-Assad's regime», *CNN*, 18 de julio, 2012.

al exterior, lo que recuerda la homónima posición del cristiano Tarik Aziz en el entorno del fallecido Sadam Hussein de Iraq. En la reciente crisis ministerial fue designado con doble cartera, quedándose las competencias de «Ministro de Expatriados» que detentaba el también cristiano Joseph Sweid. Ya en época del padre Assad fue embajador ante las Naciones Unidas. Nos encontramos ante un diplomático de finas formas, criado en su juventud en el ambiente cristiano de Egipto.

Durante la España de Franco estuvo. en la embajada siria de Madrid, sita en la plaza de la Platería. Su época como embajador sirio en los Estados Unidos coincide con el pretendido periodo de deshielo político ante Occidente de Hafiz al-Asad, al mismo tiempo que la URSS se extinguía y llegaba la oscura y degradada era Yeltsin para Rusia. Es el hombre clave en todo el proceso de acercamiento a Occidente en la época (de hecho condujo intensas negociaciones con Israel[83]) y no en vano es uno de los hombres del régimen más alabados en la agencia oficial de noticias Sana.

A pesar de su posición en el entorno gobernante no es persona buscada por delitos mayores en Occidente y ante una eventual caída del régimen solo tiene dos opciones: la huida (al estilo de determinados personajes financieros de la Libia de Gadafi), o su inclusión por una victoriosa (e inteligente) oposición en los nuevos cuadros[84]; pero existen dudas sobre este punto conociendo el aire revanchista de las facciones victoriosas en la llamada «Primavera Árabe».

Irán sabe de este espíritu revanchista en las confrontaciones previas a las revueltas que cimentan la llamada

83. Fuentes consultadas de Palestina lo ven como un hombre de paz, cf. su perfil en «Fresh Light on the Syrian-Israeli Peace Negotiations», *Journal of Palestine Studies*, vol. 26/2, 1997.

84. Se deduce de su trayectoria y de glosas en Occidente, cf. «Interview: Syrian Foreign Minister Walid Muallem», *Foreign Policy*, 10 junio de 2009.

«Primavera Árabe». Y conoce todo lo que supone si pierde esta liza. Así que hay destacados basiyis, guardianes de la revolución, en suelo sirio. Se sabe que cerca de un centenar al menos ya han muerto, al igual que el doble de miembros entre los integrantes del Hizbulá libanés en Siria. Detrás de ellos hay unos responsables militares en Irán, con larga tradición en viejas batallas.

La principal cabeza es el general de división Mohammed Ali Yafari, el comandante en jefe del ejército de los guardianes de la revolución, un imponente hombre de casi dos metros de estatura, conocido tanto por el sobrenombre «el gigante de Yazd» como por Aziz Yafari (San Yafari), apodo que se ganó durante la guerra de Irán-Iraq. Disciplinado hombre de duro carácter militar, conservador, a la derecha del régimen, fue ratificado en el cargo por Alí Jamenei poco después de la ascensión de Ahmadineyad a la presidencia de Irán. Goza de la confianza de Alí Jamenei. La UE lo ha incluido (junto con otros dos iraníes, el general de división Qasim Soleimani y el Vicejefe de inteligencia de la guardia revolucionaria, Hossein Taeb) en las sanciones contra personas del régimen sirio o afines. Existen diferencias entre los conservadores de la facción Jamenei y los radicales de Ahmadineyad.

Yafari es un auténtico veterano de guerra con un gran talento para las tácticas y la organización, pero no estamos ante un descerebrado o un fanático, es una de las pocas esperanzas de grandes militares tácticos que le quedaban al régimen al-Assad y un experto en la guerra de guerrillas. Hombre de humilde extracción, consiguió con el paso del tiempo tener una formación universitaria e impartir cursos a la Guardia Revolucionaria. Es muy consciente de lo que supone Irán para la zona, y por ello representa un artífice ideológico y práctico del papel de Hizbulá en el Levante o la ascensión del chiísmo en puestos políticos clave de Iraq.

El asesoramiento cibernético procedente de Irán fue clave durante la batalla de Alepo, cuando las comunicaciones por el ciberespacio y los teléfonos móviles fueron bloqueadas. Por eso no es de extrañar que se capturen nacionales iraníes en suelo sirio desde una fecha tan temprana como principios de 2012, cuando ya fueron detenidos algunos con la acusación de mercenarios del régimen.

El comienzo de la guerra civil se une paradójicamente a un hecho sucedido en al-Hasseke, en el Jábur, semejante al acontecido en Túnez en 2010 con Mohammed Buazizi. El joven Hasan Alí Aklá se incendió a lo bonzo el 26 de enero de 2011. Un par de días más tarde comenzaron protestas en Raqqa por el asesinato por la espalda de dos soldados. Esto llevó a más protestas y al inicio paulatino de la guerra civil.

El devenir de la ocupación del territorio por parte de las fuerzas de los rebeldes creó progresivamente para el régimen grandes fallos en la comunicación central y las provincias más alejadas. A mediados del verano existían extensas áreas tapón entre los feudos del régimen en la costera Latakia, la mayor parte de la frontera norte con el Líbano, la frontera Siria y buenas porciones de las provincias de Damasco y Alepo. Las zonas del Éufrates solo tienen bolsas de resistencia por parte de la Surya al-Assad, y la misma ciudad y provincia de Deir ez-Zor están en manos de rebeldes, mayoritariamente kurdos, con ayuda de *peshmergas* del norte del Iraq.

Pero el Jábur está dividido. Ciudades como Hasseke o Qamishli están bajo el control del régimen y tan solo aquellas más cercanas a la provincia fronteriza turca de Mardin las controla el Yeish al Hor. Tanto el Balih como el desierto sirio central (la zona de Palmira y las tribus arábigas) se encuentran bajo el control del régimen en septiembre de 2012. Creemos que el Yeish al Hor se vio incapaz de canalizar los resentimientos de las poblaciones tribales, lo que hubiese sido decisivo para el control súbito del centro-sur del país. Se lo jugaba demasiado a la carta de las principales urbes del país intentando dividir Latakia del interior arábigo.

Recordemos que hoy día los miembros de tribus beduinas, de origen nómada o seminómada, rondan alrededor del 9% de la población siria. Y solo la cuestión tribal estaba ganada para la oposición en la zona de Deir ez Zor, en el este, la otra confluencia del Éufrates sirio, con el afluente Jábur o Quneitra, cerca de Jordanía e Israel. En Deir ezzor era claro por los resentimientos de clanes familiares por la muerte de un soldado de la tribu Abu Sariaha. En Quneitra por la vinculación de clanes con las víctimas de las protestas de Deraá. Pero no había vuelta atrás.

Entre las tribus destacadas de Siria, es interesante el caso de la tribu beduina Al-Hadid («el hierro»), con amplias ramificaciones en Iraq y Jordania. Esta tribu tiene pautas urbanas de asentamiento en ciudades como Haditha en Iraq, la capital jordana y las ciudades de Homs y Hama en Siria. El sheij que vive en Jordania, Baryas al-Hadid, es uno de sus jefes más destacados, reconocido por su labor de mediador en disputas en Iraq y Arabia Saudí, antiguo miembro de las reales fuerzas aéreas del país,que vivió en el nasserismo cairota de los años cincuenta además, y hoy forma parte del parlamento jordano. Sabemos que al-Hadid está ayudando a mediar en asuntos políticos y territoriales con antiguos miembros del régimen al-Asad. Su hijo mayor, Nidal, además es el alcalde de Amman.

Y su hijo mediano, Mohammed, es un alto oficial de los servicios de inteligencia del país hashemita. La familia tiene una relación especial de lealtad con el reino hashemita: el padre del sheij, Shaher, y su primo Minwar, lucharon en la revuelta árabe de la época de Lawrence, que instaló al rey Abdulá, padre de Hussein. Tras su muerte Shaher recibió el honor de ser enterrado en el cementerio real de al-Maquar.

Cada nuevo acontecimiento durante las pacíficas protestas en Siria aumenta la ira popular contra el régimen. Recordemos que tan solo a finales de febrero de 2011 tuvo lugar una protesta ante la Embajada Libia contra Gadafi, y que la policía siria la reprimió brutalmente; la agencia oficial Sana lo justificó con que «se trataba de un régimen amigo». De forma creciente las protestas fueron aumentando y volviéndose más violentas durante marzo-abril de 2011.

Los muertos civiles aumentaban y crecía el número de las ciudades donde la población se enfrentaba por primera vez abiertamente contra Bashar al-Assad. Entre el verano y otoño de 2011 las protestas progresivamente fueron espaciándose y convirtiéndose en una lucha armada abierta, en parte por la agresiva respuesta que dio el régimen. A mediados de julio de 2011 grupos de simpatizantes del régimen comenzaron a atacar las embajadas de Francia y Estados Unidos, el antiguo y el nuevo poder colonial en la mentalidad siria. Oficialmente se constituyó el «Ejército Libre Sirio» (Yeish al-Hor), el 29 del mismo mes, con solo un pequeño grupo de soldados; un año después ya constituían un número cercano a una quinta parte de las fuerzas armadas del país.

Tan solo dos días más tarde, el ejército del régimen asedió Hama, tal como hizo una generación atrás, con empleo de armas pesadas y tanques. Y a lo largo del resto del verano los ataques del ejército se incrementaron en Hama y se extendieron a otras ciudades o zonas, como Deraá, Latakia, Homs o suburbios de Damasco.

Los civiles muertos en Hama superaron de largo el centenar. Que los ataques se produjesen durante el Ramadán y posterior festividad de Eid uf-fitir fue una excusa maravillosa para que países conservadores de la Liga Árabe como Arabia Saudí presionasen y protestasen. Comenzaba la internacionalización del conflicto. La Liga Árabe está realizando continuas reuniones en diversos puntos de la geografía del mundo musulmán. Una extraordinaria tuvo lugar en Doha el pasado 22 de julio de 2012. Pero la oposición contra el-Assad mantuvo un encuentro con vistas a una mejora de su organización una semana antes en El Cairo.

En octubre de 2011, el Ejército libre sirio ya se enfrentaba a las fuerzas armadas del régimen para acabar con el asedio de Homs. Se conocen masacres en pequeñas poblaciones como Trenseh y Hula[85], donde el recuento de ambas supera las 350 víctimas.

En la oposición, que está dividida en diversos frentes como lo estuvo Libia durante su guerra civil, figuran una serie de personajes destacados. A la cabeza de los grupos desafectos estuvo hasta finales de junio de 2012 un académico de renombre, Burhan Ghaliun, que sería el homónimo sirio de Yibril, al que se quiere mantener arriba por deseo expreso de la dirigencia anti-Assad y de cara a las autoridades internacionales. Es un hombre que representa el ideal de vida de la cultura francesa. Siendo profesor de sociología en la Universidad de París III ha venido defendiendo la tesis de que en los países árabes ocurre un enfrentamiento histórico entre el Estado y el pueblo árabe. Se le ha criticado en algunos medios por sus simpatías con la ideología de los Hermanos Musulmanes o por ser una figura que creaba disensiones entre los opositores.

De hecho, incluso parte de la oposición no alineada con un partido considera al CNS como la «oposición de Paris», ya que existe una disensión entre la oposición que se presenta desde el exterior y aquella que vivió toda la revuelta y guerra civil desde el interior de Siria.

El reemplazo actual de cara a la galería occidental es Abdelbasset Saida, presidente del Consejo Nacional Sirio desde finales de julio, un antiguo activista kurdo, natural de Amuda, la ciudad del Jábur más próxima a la montañosa Mardin turca. Se trata de un profesor universitario especializado en las antiguas civilizaciones que, tras su época de estudiante en Damasco, fue docente en la Libia de Gadafi de 1991 a 1994 y posteriormente se exilió a Suecia. No pertenecía a ninguna de las facciones políticas kurdas, por lo que éstas le critican, y su fama de conciliador le ayudó

---

85. Siempre negadas por el régimen de al-Assad.

a ser elegido nuevo Presidente del Consejo. En la época de su elección tenía prevista una visita a Madrid que se suspendió.

Sin embargo, otros personajes kurdos contrarios al régimen no se alían en las filas del Consejo Nacional Sirio. Entre ellos figura el Consejo Nacional Kurdo, formado por una serie de partidos y grupos políticos que defienden una autonomía kurda en la región nordeste de Siria. Se oponen al mismo tiempo a la visión del Consejo Nacional Sirio y a su posible articulación con el proyecto político de los Hermanos Musulmanes. Se sospecha que esta alianza de partidos kurdos también podría estar detrás de la presencia en la zona de activistas y guerrilleros kurdos procedentes del territorio turco, y no solo contra el régimen de al-Assad.

Se tiene constancia de la existencia de conflictos interétnicos entre árabes y kurdos en varios sectores fronterizos con Turquía durante la guerra civil siria. Un temor de parte de la población árabe del Mashreq es que se produzca una eclosión de mini-Estados de raíz étnica tras la llamada «Primavera Árabe» (los propios miembros de la élite militar de Assad estarían pensando en crear un mini-Estado aleví en la costa en caso de perder la guerra). Está en la mente de muchos grupos políticos kurdos de Siria la constitución de un Estado federal al estilo del existente durante unos meses tras la Conferencia de Paris de 1919 y que duró diez años. Activistas kurdos siguen teniendo como modelo esa época, e insisten que muchos de los árabes presentes en la zona nordeste de Siria son descendientes de tribus seminómadas o nómadas que no vivían en la zona hasta la II Guerra Mundial.

Entre Siria e Iraq también existen tensiones acumuladas a través de diferencias étnicas y estratégicas. El embajador sirio en Iraq, Nawaf Al Fares, abandonó al régimen en el verano de 2012. Se trata de un sheij tribal, del clan Al Yarrah, de la confederación tribal Aqidat, la mayor de la frontera siro-iraquí. Habitan en la zona de Al Bukamal, como la llaman los sirios, Abu Kamal, la frontera con Iraq.

Era una tribu muy ligada a los baazistas y las luchas de independencia contra los franceses tras II Guerra Mundial.

Al-Fares estaba muy ligado a los Assad, y junto con otros miembros de su tribu tenía puestos de importancia en la seguridad del régimen. Jefe del Baaz en Deir ez zor en el pasado, fue jefe de la inteligencia siria en Latakia y gobernador en el pasado en esta ciudad, Idlib y Quneitra. Parece haber un patrón entre las deserciones al régimen, ya que el régimen comienza a perder a los antiguos fieles de la época de Hafez, el padre, y sobre todo aquellos que provienen de los puntos clave calientes, ciudades fronterizas y con familia suní; la excepción en parte (son alauíes) es la familia Tlass, pero también es una lealtad proveniente de la época de Hafez al-Assad[86].

Abu Kamal fue uno de los primeros lugares que registró protestas en el Éufrates, en 2011. El sheij de los Aqidat le pidió hace meses a Al Fares que dejase de apoyar al régimen, en la misma época que los líderes tribales decidieron no mezclarse con las protestas. Pero miembros tribales de la zona empezaron a mezclarse en la revuelta en el verano de 2012, hay miembros tribales de esta zona también en Arabia Saudí. Abu Kamal es un punto clave desde la antigüedad, con la cercanía de las históricas ciudades de Dura Europos y Mari. Clave en las Guerras del Golfo, especialmente debido a incidentes fronterizos tras la II Guerra con la insurgencia. Tras su deserción del régimen baazista se quemaron banderas y estandartes chiítas en Abu Kamal (no olvidemos que también el clérigo salafista Adnan al-Arur, de Hama, irradia sus mensajes desde la cercana Arabia Saudí).

Sin embargo, el canal lealista semioficial *Champress* transmitió un comunicado de un líder tribal, el sheij Kamal

---

86. Koffi Annan insiste que los militares de alto rango desertan pero no arrastran a su unidad de combate. Pero de buenas fuentes sabemos que algunas unidades sí desertaron y pasaron a formar parte del Yeish al-hor.

Nayi al-Fares al-Yarrah, del clan Al-Damim, de la misma confederación Aqidat de la zona de al Abu Kamal, el 12 de julio de 2012, en el que decía que las tribus de la confederación apoyan al régimen de Assad. La zona en su mayoría está en poder del Yeish al Hor desde agosto de 2012, según nuestras fuentes. El cruce de fronteras Siria-Iraq en la región fue capturado por los rebeldes el 22 de julio que es zona suní a ambos lados de la frontera.

El área de Deir ez zor supone el 70% de los hidrocarburos de Siria. En la zona este, frontera con Iraq, hay otras confederaciones tribales importantes, como la Baqara y la Bosariya. Se advierte que las lealtades tribales son también importantes en Siria, como ocurrió en Libia y otros países de Mashreq. Y cuando afecta a ciudades claves fronterizas puede llegar a influir en el cambio del curso de la contienda. Algunos clanes tradicionales defienden al régimen acérrimamente, como al-Berri, que tuvo algunos miembros muertos por los rebeldes en Alepo. La región del sur, este y de la frontera de Siria con Turquía es un paso de fuertes grupos tribales, un territorio cuya lógica social es bastante diferente a la de los núcleos urbanos del centro-oeste.

Se sabe que los líderes tribales sirios se han enfrascado en los últimos meses en continuas visitas a los países vecinos, a la Liga Árabe y al Consejo del Golfo. Según el diario turco *Zaman*, en verano de 2012 unos 40 líderes del Consejo Tribal sirio clamaron por la intervención internacional en contra del régimen. Es un Consejo de jefes de clanes con presencia étnica de árabes y turkomanos, y de creencias predominantemente suníes. Según la KUNA (Kuwait News Agency), los Estados Unidos fomentan la rebelión de los líderes tribales sirios para acabar con el gobierno a finales del verano de 2012, puesto que el fin es inminente.

Un personaje quizá clave en el futuro de Siria es Manaf Tlass, miembro de la más rancia aristocracia siria, que pertenecía al entorno estrecho de los Assad desde los inicios, ascendiendo al Comité Central del partido Baaz en el año 2000 con tan solo 36 años. Natural de Rastán, una de las ciudades atacadas por el régimen meses atrás. A la sombra a su padre, Mustafa Tlass, que fue una mano derecha de Hafiz al-Assad, su Ministro de Defensa y Comandante en jefe adjunto de las fuerzas armadas, que además de viejo miembro del partido Baaz desde los años cincuenta del pasado siglo, siempre estuvo ligado al ala más conservadora del partido y se le consideraba un ardiente nacionalista árabe.

Mustafa Tlass provenía de uno de los clanes alauitas de Latakia más beneficiados por el diseño imperial de Lawrence-Churchill. Una poderosa familia que cumplió un papel clave en la transmisión del poder del Imperio otomano al gobierno colonial francés. Durante la época del patriarca Assad estuvo diversas temporadas tanto en Moscú como Pekín como enviado especial. No solo es un militar táctico, es autor de escritos sobre la guerra de guerrillas o de un estudio sobre la genialidad militar de Mahoma, y fue un personaje muy ligado a los enfrentamientos armados contra Israel, especialmente la guerra del Yom Kippur[87].

Por eso es llamativo que fuese el primer miembro de la familia que partió al extranjero «por razones de salud»[88]. Pensamos que la familia Tlass sufrió algún tipo de tentación externa en forma de oferta extranjera (es probable que Manaf Tlass sea muy bien visto por parte del entorno del AKP turco) y de ahí su participación en conferencias internacionales contra el régimen en Estambul o París, dentro de los esquemas del patrocinio de EE. UU. (el Grupo de Amigos de

---

87. En la memoria colectiva de la población siria aparece como uno de los causantes de la derrota árabe en una contienda en la cual durante los cuatro primeros días estaban consiguiendo la derrota militar del ejército israelí. Los documentales televisivos referidos de mediados de la década de los 90 eran en cierto modo un intento de lavar la imagen de los responsables militares de Siria durante el periodo.

88. Faruk al-Shareh, Vicepesidente del Gobierno, al parecer había desertado a finales de agosto de 2012 en Jordania. Los viejos miembros de la guardia de Hafez, los «duros», con contactos familiares, tribales y de élites, se escapan progresivamente.

Siria). La deserción de figuras importantes del Baaz como los Tlass o Hiyab significa en buena medida el fin del régimen de forma progresiva. Los Tlass son un clan alauita que estuvo ligado al poder desde antes de los inicios del régimen Assad y que, tal como quiere alguno de sus partidarios, le gustaría perpetuarse en el poder como otra alternativa al Consejo Nacional Sirio. Significaría la continuidad de la dirigencia de la Surya al-Assad, pero sin la familia criminal, que además se ha enfrentado al establishment mundial y debe pagar.

Hay peligrosos elementos de connotación religiosa en el conflicto sirio durante la primavera de 2011, puesto que los refugiados suníes en Turquía testimonian el asesinato de correligionarios a manos de los *shabiba* (milicianos alauitas progubernamentales). También hay división entre las posturas de los académicos y los otros sectores profesionales en Siria[89]. Una muestra es que la cabeza del sector oficialista de los médicos sirios, Akram el-Shaar, negaba la tortura del niño Hamza Ali de Deraa. Posteriormente la oposición siria niega que se trate de una lucha religiosa, a pesar de llamar a los alevíes sirios una secta. Ni siquiera la muerte de civiles desapareció en la Semana Santa de 2012.

Dentro de la oposición hay un sector religioso importante que pugna por el poder. Hablamos no del antiguo panarabismo nacionalista socialista, animado desde los cafés del bulevar Haussmann en París, sino de un panarabismo Islamista con sede en el mundo virtual de la propaganda religiosa transnacional. Varias mezquitas fueron epicentros de la revuelta al inicio, y no solo en Deraá sino en la misma capital; allí una importante mezquita suní, Hassan, fue duramente castigada. Existen varios islamistas que se exiliaron a Arabia Saudí, como el sheij Arur, que en sus plegarias incitaba a la masacre de alauitas sirios.

89. Como quedó patente en la conferencia de opositores sirios en la UAM del viernes 16 diciembre de 2011.

¿Por qué los gobiernos de Occidente están ahora contra Bashir al-Assad? ¿Por qué el empeño en hacer creer que su dinastía no puede mantenerse en el poder? Hace menos de dos años se le pretendía un hombre cultivado, un médico con una educación sólida en los mejores centros de enseñanza del Reino Unido, el cual, contra todo pronóstico, se hace cargo exitosamente de la jefatura de la dinastía Assad. El perfecto caso del semi-intelectual convertido en político autárquico. En cierto modo es una vida paralela a la de Saif al-Islam. Hay algo que preocupa por igual a Iraq, Turquía, Irán e Israel ¿sin la mano férrea de los Assad, cuál podría ser el futuro del complejo mosaico étnico y religioso del Éufrates?

IMPLICACIONES SIRIAS
PARA LOS VECINOS

Turquía, pese a su actual prestigio en la zona y ante los países árabes, e independientemente de los problemas internos y del debate que pueda suscitar, tiene otros desafíos con los musulmanes en territorio europeo. Ha sufrido alguna decepción en la época del AKP, como por ejemplo, pese a sus esfuerzos desde hace más de veinte años en pro de los musulmanes balcánicos, en concreto con Bosnia y Kosovo, ha obtenido como respuesta políticas poco afortunadas en relación con estos países. Durante una época se ralentizaron las relaciones con Bosnia, debido a su apoyo incondicional e inesperado a Armenia. Por otra parte, Kosovo no está respetando la minoría turca en su territorio, a pesar de todos los efectos históricos y culturales[90].

90. Sobre esta cuestión v. Tainio, Lauri. 2011. «Kosovo Turks: From Privileged status to fear of assimilation». *Studia Orientalia* 111, pp. 345 ss.

Con respecto a Egipto, en marzo de 2006 se reunió el viceministro de Industria y Energía de Rusia con su homólogo
egipcio para discutir aspectos de colaboración entre ambos
países, y, en particular, sobre la participación de empresas
petroleras rusas en concursos egipcios para la explotación
de yacimientos de gas y petróleo. La nueva proyección de
Egipto en el sector del gas abre también negocios relacio-
nados con la venta de este hidrocarburo. Esto se debe a la
existencia de varios proyectos de construcción de plantas
de licuefacción de gas, así como de la ampliación del ga-
soducto transcontinental *Arab Gas Pipeline*, en la actualidad
con 959 km de longitud, que empieza en Arish, Egipto, y
llega hasta Homs en Siria, aunque la ampliación partiría de
Alejandría, atravesaría Siria, llegaría hasta Turquía y podría
llegar a tener una capacidad mucho mayor que los actuales
10.3 billones de metros cúbicos al año. En efecto, Gazprom
manifiesta un gran interés en participar en todos y cada uno
de estos proyectos»[91]. Pero en el verano de 2012 hubo una
cancelación egipcia con Israel del acuerdo de prolongación
de 100 km de línea de gas entre Arish y Ashkelon, debido «a
falta de pago israelí», según las fuentes del gobierno egipcio.

Los viajes de Medvedev desde 2004 a Ankara y Damasco
iban en esta línea y en la de fomentar otros proyectos. En
el fondo, no solo Irán sino también las grandes potencias
parecen sacar ventaja de esta creciente inestabilidad siro-
egipcio-turca-mediterránea del sur. Tras la II Guerra del
Golfo aumentó la dependencia alimentaria y económica de
Oriente Próximo de las empresas y multinacionales occidentales; las clases medias y élites del Mashreq mantienen esta
percepción (conversaciones con diplomáticos occidentales,
entre 2005 y 2008)[92].

91. Cf. Sánchez Andrés, 2006.
92. El gaseoducto cercano a la ciudad de Rastan, de la provincia de
Homs, en el eje Damasco-Alepo, sufrió desperfectos causados por una
explosión producida a mediados del mes de diciembre de 2011.

Rusia, como fue el caso chino en Libia, teme ver lesionados sus intereses económicos y estratégicos. Ello explica la decisión hecha pública a finales de noviembre de 2011 por la cual envió posteriormente a la base naval de Tartus en 2012 una flotilla militar compuesta por un portaviones, el «Almirante Kuznetsov[93]», un destructor y una fragata. Un comunicado del 28 de noviembre al diario «Izvestia» declaraba que fue una decisión ya tomada desde 2010. Pero las voces rusas claman que es necesario para evitar un conflicto militar en la zona. Un personaje clave en toda la política rusa en la zona es Mijail Bogdanov, el representante de Putin en el Oriente Próximo, proclive a una transición política suave, sin los Assad, pero siempre en manos de la élite económica tradicional.

La prolongación del conflicto está dando al traste económico de diversas perspectivas futuras entre varios países del eje Rusia-Egipto-Siria, donde lo más afectado a nivel de volumen de transacciones financieras es el gaseoducto y sus pingües beneficios. Con inestabilidad política Rusia tendrá poco interés en invertir en la zona; sin embargo, países que se sirven de la inestabilidad para «ganar tiempo» como Irán podrían estar buscando su tajada.

Los países del BRIC, al igual que en el caso libio, manifiestan una ambigüedad sobre la condena del régimen que no se explica en países que pretenden ser una alternativa económica viable mundial sólo explicable porque varios de ellos son autarquías o aliados de estas. Se continúa con una especie de nueva guerra fría mundial. El caso de Rusia es determinante en Siria. Desde la época de la Unión Soviética, Rusia mantuvo grandes alianzas con el régimen de los Assad, que cambió con la Perestroika y la alianza abierta del régimen contra los enemigos de Sadam Hussein en la

---

93. Kutnesov es un apellido de prestigio en la histórica Rusia. A esta familia pertenece el actual embajador en Madrid, gran conocedor de nuestra lengua y costumbres.

I Guerra del Golfo y que fue publicitada en los órganos mediáticos del régimen.

La base naval de Tartus siempre supuso para Rusia su gran apuesta portuaria en aguas cálidas. De ahí se explica su reacción en la crisis siria, más parecida a la efectuada por China en Libia; los papeles se han invertido. Siria aparece como un país con un mayor factor geoestratégico que Libia e incluso que el Egipto actual. Rusia y China vetaron en octubre de 2011 en el Consejo de Seguridad de la ONU la resolución contra Siria. Rusia transitó hacia una pseudoneutralidad a mediados de diciembre respecto a la revuelta siria. Pero los miembros occidentales del Consejo de Seguridad piensan que la propuesta rusa de resolución sobre Siria, presentada en la ONU el 15 de diciembre, es totalmente insuficiente y que el texto pone al mismo nivel a autoridades sirias y los manifestantes[94].

El embajador ruso en España, Alexander Kuztnesov, declaró en un Foro de la OTAN en Madrid el 16 de diciembre pasado que «Rusia no considera a los opositores como terroristas, pero que entre ellos hay extremistas muy peligrosos» y que «Rusia no quiere una réplica del modelo libio para Siria». Las declaraciones oficiales del pasado 24 de julio de 2012 del ministro de exteriores Serguei Lavrov no dejan duda sobre la competencia actual que Rusia vuelve a notar en el bloque occidental, al acusar a EE. UU. de apoyar a los «terroristas opositores de Siria». No en vano, algunos analistas militares occidentales advierten que los BRICS se están rearmando y podrían ser una potencial contraparte militar de los intereses del sistema europeo-occidental[95].

Pero pese a la brutalidad de los ataques del régimen contra las principales ciudades de Siria como Damasco o

---

94. Cf. Agencia *EFE*.

95. Conferencia del General de Division ETR, Jesús Argumosa Pila, *Los Brics, una nueva realidad geopolítica*, 17 de mayo de 2012, CESEDEN, Madrid.

Alepo a finales de julio[96]; Rusia y China siguen sin moverse de sus posiciones, a pesar de alguna tibia crítica rusa en la pasada primavera[97]. Los hechos revelan el concepto de respeto de los derechos humanos de los gobiernos de los tres países en cuestión. Se tiene conocimiento, tal y como se expresó en una reunión del Consejo de Seguridad de la ONU en mayo de 2012, que armas ilegales procedentes de China fueron a parar a puertos de Corea del Norte, desde donde partieron a su destino final a Siria[98]. Tanto Rusia como China están recibiendo duras críticas de varios dignatarios de otros países. Una de las más duras fue la de la Secretaria de Estado, Hillary Clinton, durante la conferencia en París de julio de 2012 del Grupo de Amigos de Siria.

Qatar, sin ser Dubai, considerada la capital de los Emiratos árabes y fachada de lujo para el mundo occidental, tiene mayor influencia sociopolítica en el mundo árabe que los Emiratos per se. Al Yazira es en cierto modo su ministerio de exteriores alternativo. Qatar es un país cuya influencia en el mundo árabe supera a su población y tamaño. Influyó, según analistas consultados, en la Liga Árabe, para que ésta tomase la decisión de expulsar a Siria en una resolución del 12/11/11. Qatar tiene una visión del Islam conservadora, en un grado menor al wahabismo de Arabia Saudí, y por ello se le asocia a sectores Islamistas conservadores allí donde hubieron revueltas árabes. De forma abierta apoya a los

96. A finales de agosto de 2012, los rebeldes parecían haber sido expulsados de la mayor parte de los barrios de Damasco; sin embargo, el combate continuaba fieramente en Alepo, donde pese al superior armamento del régimen, este parecía perder posiciones.

97. «Syria,s leadership making mistakes, says Russia», *BBC*, 20 marzo 2012.

98. Charbonneau, Louise; Nichols, Michelle. «Exclusive. U. N. Probes possible North Korea arms trade with Syria, Myanmar», *Reuters*, 17 mayo 2012.

rebeldes sirios, al igual que su vecina Arabia Saudí. Ya a comienzos de 2012 Qatar insistió en la necesidad de una intervención extranjera en Siria[99].

En Siria el régimen vuelve a emplear los términos de la «idea de la conspiración» promovida por extranjeros, tan de uso en otros países cuyos regímenes cayeron. Al igual que en los otros países con cambios en la jefatura del Estado, también en los opositores se produce una alianza entre focos diferentes, juventud, sociedad civil, islamistas, aunque claramente el núcleo es de origen endógeno pese a los contagios de las revueltas triunfantes y a la red de tipo internacional panreligiosa que promueven movimientos conservadores religiosos como los Hermanos Musulmanes.

En este país, las tribus, por porcentajes, son menos determinantes a nivel global que en Libia, pero su papel futuro puede serlo más si consideramos las familias extensas compartidas a diversos lados fronterizos (Turquía, Iraq, Jordania), en el caso de la propagación del conflicto entre ellas. Para complicar el panorama, incluso desde antes del estallido de las revueltas, la versión oficial siria insistía en que los Hermanos Musulmanes y otros grupos yihadistas ponían bombas en las infraestructuras sirias para provocar el caos[100].

Homs comenzó a ser asediada y atacada por tanques, por lo que fue enviado Koffi Annan a finales de marzo de 2012 con un plan especial de la ONU[101]. El plan solo suponía

99. «Syria crisis: Qatar calls for Arabs to send in troops», *BBC News*, 14 de enero de 2012.

100. Ministra para la Emigración de Siria, Bizaina Shaaban, junio de 2005.

101. Homs recibe castigos de todos los bandos: según la iglesia ortodoxa siria, desde el inicio de las revueltas más del 90% de la población cristiana de Homs fue expulsada por guerrilleros anti Assad. Curiosamente Homs está hermanada con las ciudades de Yazd (Irán), Kayseri (Turquía) y Belo Orizonte (Brasil); es decir, los BRICs y sus «satélites».

ganar tiempo para ambas partes (régimen y oposición), pues no pudo frenar las retaliaciones gubernamentales, de ahí que fracasara de antemano. El conflicto volverá a explotar de nuevo si se decide aceptar el plan, que se esconde tras la tercera resolución promovida por EE. UU., y la cual se centra en el alto al fuego inmediato y la entrada de ayuda humanitaria y observadores periodísticos en el país. Lo cierto es que el régimen hizo todo lo posible, asesinatos incluidos, para que no hubiese periodistas extranjeros durante el conflicto.

El plan de las Naciones Unidas no funcionará porque ninguna de las dos partes confía en la otra, y hay mucho resquemor y muertos de por medio, más de veinte mil víctimas, según cifras conservadoras. Es cierto que pese a la corrección política que hay detrás del plan, el mismo enviado especial es consciente de que el conflicto sirio afecta a los países vecinos y puede tener graves repercusiones si no se maneja con cuidado. Rusia y China siguen vetando resoluciones, y pese a las declaraciones rusas de no apoyar la causa de al-Assad, ni ser el abogado del Sr. Assad[102], lo cierto es que siguen proporcionando asesores y material militar al régimen.

La imagen del poder ruso está siendo seriamente dañada en los países suníes y sus ansias de ser el poder central en la zona le acerca al estado de guerra fría de los setenta-ochenta. Un ejemplo son las nuevas minas colocadas entre la frontera sirio-turca como en aquel periodo, o incluso el uso de países débiles, como el caso de Iraq por parte de Irán, como lugares de tránsito de armamento. Turquía vuelve a alinearse en contra de determinados países, dando por cerrada la doctrina Davutoglu de «cero problemas con los vecinos».

102. Embajador ruso en España, declaraciones de 16 de diciembre de 2011. Foro OTAN Madrid.

Lo cierto es que la paciencia y bajo perfil de Turquía durante los primeros meses de 2012 han sido modélicos respecto a la guerra civil siria. Su labor se concentró en esfuerzos diplomáticos, como las reuniones del «Grupo de Amigos de Siria», a las que invitó a países del BRIC incluso posicionados a favor de Assad como China y Rusia, pero no a algunos europeos, en un principio, como Francia. Una nueva guerra fría con multitud de frentes y sin un telón de acero claro, pero sí una cortina de aceite.

Sectores políticos españoles, como el PSOE, abogaban por la expulsión del embajador sirio actual en Madrid, hombre del régimen, además de alinearse entre quienes consideran que el Assad debe comparecer ante el Tribunal Internacional de La Haya. De forma simultánea, Turquía consideró entonces la renuncia de su embajador en Damasco[103].

¿Existe alguna conexión entre ambas decisiones conocidas las buenas relaciones PSOE-AKP? Curiosamente la expulsión de Madrid se produjo a finales de mayo de 2012, durante el mandato del gobierno conservador del PP, cuyo entorno es más crítico con los supuestos logros de la llamada Primavera Árabe. Un gesto para no romper la concordancia occidental en un momento en el que España se enfrentaba a un desafío en su futuro económico y posición en la arena internacional.

A diferencia de lo sucedido en la guerra civil libia, donde las fuerzas en conflicto llegaron a equilibrarse en el verano de 2011, en Siria el régimen tiene fuerzas militares que de lejos superan en una proporción de 4 a 1 a sus oponentes a mediados del verano de 2012. Las fuerzas armadas constaban de unos trescientos mil efectivos antes de las deserciones, pero su núcleo son los ocho mil hombres del Directorio General de Seguridad, o los veinte mil miembros

---

103. Declaraciones del ministro de Relaciones Exteriores de Turquía, Ahmet Davutoglu, en rueda de prensa del viernes 16 de marzo de 2012.

de las milicias *shabiha*. Por el contrario, a los rebeldes se les suponía entonces un máximo de sesenta mil efectivos, donde la práctica mitad son desertores del régimen y tan solo poco más de un millar de yihadistas extranjeros. Lo curioso es que al igual que en la guerra civil libia de 2011, a mediados del verano las víctimas de los combates son un número semejante, alrededor de cinco mil por bando, sin contar los cerca de veinte mil civiles muertos.

Las deserciones, a diferencia de Libia, se produjeron a un ritmo mucho mayor, y no por grupos familiares sino por individualidades estratégicas, es decir, altos mandos del régimen deseosos de encabezar el proceso de transición de élites. Ya son numerosos los generales, coroneles y tenientes coroneles que han cruzado la frontera con Turquía o se han integrado en el Yeish al Hor.

El conflicto bélico, al igual que en Libia, se inició con unas protestas en la transición del mundo rural al urbano: *Deraá* (19 al 25 de marzo de 2011). A 40 kilómetros de Deraá, en la localidad de Sanamein, las fuerzas del régimen de al-Assad dispararon contra pacíficos manifestantes de credo suní, dejando una veintena de civiles muertos. Según testigos presenciales, los soldados sirios que rehuían disparar eran ejecutados. Similares acciones sucedieron en las ciudades con posteriores protestas. A finales de enero de 2011, el cinismo del presidente sirio no le impedía declarar que con las nuevas protestas en el Oriente Próximo se abría un nuevo periodo de reformas en la zona[104].

La crudeza de los combates de la guerra civil en el verano de 2012 revela el deseo del régimen de sobrevivir a toda costa, aún con la destrucción de algunos barrios de sus urbes principales. La política de tierra quemada está dando mayor soporte moral a los rebeldes, quienes cuentan con

104. «Interview with Syrian President Bashar al-Assad», *The Wall Street Journal*, 31 enero 2011.

algunos centenares de voluntarios extranjeros y armamento capturado o pasado por las fronteras vecinas controladas por el Geish al Hor. La oposición al régimen tiene mayor apoyo externo. Se sabe que cuenta con el apoyo económico y de armamento de Turquía, Arabia Saudí y Qatar. Además cuenta con el asesoramiento de Estados Unidos, Alemania, Francia y Reino Unido, es decir, los países con más cuota de poder en la Unión Europea. El Comité supremo kurdo cuenta con armamento de los kurdos del norte de Iraq.

En la parte contraria, Irán ha proporcionado al régimen al-Assad no solo algunos centenares de *basiyis*, sino además armamento sofisticado que cubre el espectro informático, uno de los campos donde está más desarrollado el país del Golfo. Pero los hechos demuestran que tan avanzada tecnología no ha permitido acabar con las comunicaciones de la facción rebelde. En el caso de Siria, el uso de Facebook no se empleó tan solo para convocar revueltas o manifestaciones en contra de los Assad. El mismo régimen se sirve de Facebook para la publicación de listas negras de personas a eliminar, entre las que figuran cargos del CNS. En otros foros contrarios al régimen se siguió el mismo procedimiento. Varias de las personas marcadas fueron asesinadas. Se conoce que Rusia y Venezuela han proporcionado algún tipo de ayuda al régimen; en el caso venezolano es de tipo económico y energético. Por Wikileaks se conoce además «la parte del león», alguna firma occidental, como una italiana, que pudo proporcionar tecnología útil al régimen[105]. Un tema polémico es el de las armas químicas que tiene el régimen sirio en su poder y que ha reconocido varias veces desde el 23 de julio de 2012, amenazando con ellas a

105. Cf. Squires, Nick. «Wikileaks begins publishing tranche of Syria emails». *The Daily Telegraph*, London, 5 julio 2012. <http://www.telegraph.co.uk/news/worldnews/middleeast/syria/9379768/WikiLeaks-begins-publishing-tranche-of-Syria-emails.html>. Consultado el 23 de agosto de 2012.

cualquier poder extranjero[106]. Siria estuvo manufacturando armas con componentes químicos como Sarin, Tabun, VX y gas mostaza en lugares asociados a la contienda, como Homs, Hama o Latakia, además de la milenaria Palmyra. Dispone además de otros componentes biológicos[107], y en el 2008 hubo rumores de un deseo de adquisición de capacidad nuclear, lo que llevó a varios bombardeos por parte de potencias externas y a diversas polémicas con la agencia de inspección que entonces dirigía Al Baradei. No hay duda de que la Surya al-Assad es un paria para el Occidente, y ya no hay vuelta atrás en el final de su régimen.

La cuestión de gran parte de los kurdos suníes que pueblan Siria no deja de ser ambigüa en la guerra civil-social del país. En Alepo, un quinto de la población es de origen kurdo, ubicada en barrios como Sheij Mosul y Ashrafye, como consecuencia de la emigración rural de los últimos diez años, superando a la población cristiana en un par de barrios. Es cierto que un sector kurdo es parte de la comandancia de los rebeldes. Un Comité Supremo Kurdo forma parte de los kurdos rebeldes, y entre ellos hay miembros de la población del norte de Iraq, los mismos que han hecho posible que gran parte del Jábur sirio ya se encontrase en manos rebeldes a mediados del verano de 2012. No solo kurdos de a pie, sino miembros tribales kurdos posibilitaron el ocaso del régimen en el nordeste de Siria. Dentro del Yeish al Hor consta una brigada de voluntarios kurdos, la Saladino, en honor de Salah ed-din ey-ayubí, respetado estratega kurdo y fundador de la dinastía local ayubí en la Edad Media[108].

Pero no cabe duda que al final de la guerra civil con el régimen comenzarán a existir problemas con la etnia kurda

106. Según SANA.

107. Cf. <http://www.globalsecurity.org/wmd/world/syria/cw.htm>

108. Provenía de la misma Tikrit, hoy en Iraq, patria de Sadam Hussein.

en el nordeste y posiblemente en algunas ciudades del país. El PKK turco se desmarcó del conflicto étnico desde el principio, alimentando la esperanza de un nuevo apoyo al régimen al-Assad, tal como hizo con su padre durante el periodo 1988-1996, justo antes de la detención de Abdullá Oyalán, algo que nunca llegó.

Es cierto que la caída de la ciudad de Alepo podría ser el principio del fin del régimen[109], más después de haber perdido varios miembros claves de la élite militar represiva del régimen el pasado día 18 de julio; algo que nunca sucedió con Gadafi, donde un alto porcentaje de sus altos mandos militares siguen en paradero desconocido, al norte del Sahel en realidad.

Por otra parte, es innegable que un sector de yihadistas forma parte de los rebeldes contra el régimen, un punto en el que coinciden las afirmaciones oficiales rusas con las norteamericanas. El odio que tienen los Islamistas contra el régimen laicista de los Assad y contra cualquier imagen de modernidad u occidentalización es proverbial e incluso se remonta con anterioridad a estos eventos, en 1948 las fuerzas militares francesas atacaron las ciudades de Hama y Homs con miles de víctimas mortales.

Ya en los años ochenta del siglo XX se produjeron las mayores matanzas contra los Hermanos Musulmanes, como los «sucesos de Hama» en 1982. Desde la segunda mitad de los años setenta se venían produciendo en el país una serie de protestas instigadas por islamistas y los Hermanos

---

109. Es más fácil de tomar que Damasco, en función de los problemas y estancamiento del conflicto allí. Por otra parte, al norte de la ciudad hasta la frontera siria todo es ya territorio controlado por el Yeish al Hor. Además, dos factores psicológicos son que la población militar o civil alauí, con un 5%, es menor en Alepo que en la capital política, y que el único sector de la ciudad que a mediados del verano aún no controlaba el ejército rebelde tenía por detrás a la comarca de Idlib, uno de los epicentros del ejército libre sirio.

Musulmanes. Algunos acabaron exiliándose en España, en donde se han extendido varias generaciones de ellos en algunas familias de origen sirio. En la guerra civil siria constan miembros de Al Qaeda de Iraq, el Frente Nusrah, Al Fatah al-Islam, muyahidin y voluntarios libios entre los cuadros rebeldes. Un cóctel más peligroso que el caso libio hace un año.

Un personaje clave para la toma rebelde de Alepo es Mahdi el-Harati, fuente de moral para los rebeldes Islamistas y que comienza a ser una leyenda entre los combatientes Islamistas del mundo musulmán. Es un hombre que goza del respeto y confianza de Abdelhakim Belhady, hombre fuerte de Trípoli y uno de los tres hombres más poderosos de Libia. El-Harati, nacido en Trípoli, de ascendencia irlandesa por parte de madre, tiene rango de coronel del ejército libio actual y era el segundo jefe del Consejo Militar de Trípoli hasta que decidió exportar la revolución al Mashreq. Es un genio militar en la lucha de guerrillas urbana, con hombres entrenados por Qatar.

Su grupo es mucho mejor en los combates calle a calle que muchos altos mandos del ejército al-Assad. Pero se trata de un hombre que no casa bien con los políticos al uso. Al-Harati tuvo en su día disensiones con el CNT libio y por eso quiso exportar la revolución a Siria. Allí tuvo nuevas disensiones con algunos opositores y el Yeish al Hor, por lo que decidió crear el grupo *Liwaa al-Umma* (estandarte de la comunidad de creyentes). Esta es una de las mejores brigadas militares entre los rebeldes que se destacó contra el régimen en el asedio de Homs.

Otro tipo de protestas producidas en el pasado son las de los años noventa, referentes a la sucesión de Hafiz, ya entonces enfermo. Todo supuestamente comenzó con el fuerte golpe emocional que Hafiz al-Assad recibió por el extraño accidente de tráfico en el que murió su hijo primogénito, Basil, el preferido en la línea sucesoria, Bashar tan solo era el mediano y vivía en Londres por entonces. El extraño suceso tuvo lugar precisamente en la mejor carretera del país: la del aeropuerto al centro de Damasco. Siempre se sospechó de su tío Rifaat, entonces jefe del servicio secreto con sede en Latakia, ciudad que vivió una serie de protestas violentas un año antes de la muerte de Hafiz y accesión al poder de Bashar. El saldo fue de varios muertos, centenares de heridos y la destrucción parcial de los cuarteles generales en el puerto de la ciudad preferida de los alauís sirios[110]. Para entonces Rifaat ya era un habitual de tierras españolas, dejándose ver su innegable cabezón al-Assad en algunas conferencias de corte político-diplomático sobre el mundo árabe.

Estas protestas se canalizaron por otros sectores más aperturistas en un deseo de reformas el 9 de septiembre de 2001 y fueron llamadas la «Primavera de Damasco», pero acabaron dramáticamente con un portazo y múltiples detenciones. Justo semanas antes de la fatídica fecha de septiembre.

Nos consta que los francotiradores y apoyos militares fanáticos del régimen tienen como diana especial a corresponsales de prensa. Un caso flagrante es el intento de acabar con la vida de Omar Yashram, corresponsal de Al Yazira, un rostro conocido en los países árabes, que descarta el disparo accidental. O la veterana «corresponsal de guerra» japonesa Mika Yamamoto, asesinada en Alepo en agosto de 2012.

A finales del verano de 2012 el régimen sirio parece más acabado militarmente[111] y el país mucho más fragmentado

---

110. Una obsesión habitual de los funcionarios sirios con los que te encontrabas durante los últimos veinticinco años era su sentimiento de orgullo por el puerto y las instalaciones deportivas de la ciudad, que no deja de tener su atractivo como ciudad mediterránea, e incluso dar un salto en barco a la cercana y trimilenaria en cultura isla de Amrit, donde el hielo puede ser un lujo «asiático» en un verano caluroso.

111. A fecha de 25 de septiembre de 2012, el Yeish cuenta con efectivos aproximados de 100.000 hombres, es decir, la mitad que los del

que lo estaba Libia hace un año. No ha hecho falta hasta ahora el concurso bélico de militares occidentales para acabar con las tácticas de al-Assad, ha bastado la ayuda de varios contingentes provenientes de países musulmanes, y por supuesto dinero y más armas pesadas. Algo que tendrán en cuenta los poderes fácticos del orden político musulmán para posibles futuras caídas de los viejos dictadores árabes al servicio de Occidente.

régimen. Pero recordemos que en las guerras regionales de los últimos veinte años no siempre existe la tendencia de la vistoria para el bando con más efectivos humanos.

6
Siria entre Meinertzhagen y Netanyahu.

En agosto de 1918, como botón final de la rebelión árabe, se fraguó una campaña dirigida por el general Allenby, que sería la antesala de la toma de Damasco. Las tropas neozelandesas tomarían Amman y los contingentes australianos tomarían Quneitra, con el apoyo de las tropas indias en Deraá. Un personaje que desempeñó un papel clave en la jugada fue el coronel Richard Meinertzhagen (1878-1967). Este personaje relevante en la campaña de Palestina, británico de origen germano-inglés, que tras la «Gran Guerra» fue uno de los principales impulsores de la causa sionista. Participó también en Versalles en las conversaciones de la Conferencia de Paz, en los mismos pasillos que recorrían Lawrence y Churchill.

Algo mayor que Lawrence, al final de la contienda contaba con cuarenta años, provenía de una acaudalada familia del mundo mercantil-bancario, cuyo poder en la época era algo semejante a los Rothschild. La madre era la hermana de una cofundadora de la *London School of Economics*; incluso alguna revisión reciente de la dinastía Meinertzhagen, como la efectuada por Brian Garfield, lo emparenta con Felipe III de España[112]. Unas raíces bien diferentes del oscuro pasado del coronel Lawrence. Pero el destino les

---

112. Garfield, Brian. 2007. *The Meinertzhagen Mystery*. Washington, DC: Potomac Books, Washington, pp. 69. Debemos matizar que esta biografía ha sido muy discutida por diversas fuentes, pues pone en tela de juicio muchos de los acontecimientos a continuación relatados. Y sin duda Meinertzhagen tuvo el respeto de sus propios coetáneos, como el caso de Winston Churchill, compañero de colegio.

deparaba a ambos caminos paralelos. Meinertzhagen fraguó una juventud a disgusto en el sector bancario alemán, donde llegó a manejar la lengua, algo que tan decisivo le sería en la Gran Guerra.

Con veinte años, en Inglaterra, se unió a tiempo parcial a una milicia territorial, donde compaginaba con su interés por la ornitología y las teorías de Darwin, un amigo de la familia; un contraste no muy acentuado de un naturalista con la figura del historiador Lawrence. Poco después se unió profesionalmente a los Reales Fusileros del Ejercito Británico en India y se curtió en experiencias coloniales en Birmania o en el África subsahariana británica. Aunque con la carrera de un militarista al uso, Meinertzhagen se veía como un científico y un explorador ante todo, talentos que desempeñó en exploraciones en las llanuras del Serengeti y Athi.

Era una época de rebeliones de las tribus del África subsahariana, y el mismo Meinertzhagen participó en expediciones victoriosas del ejército imperial británico contra algunas como los Kikuyu y los Embu, que sufrieron muchos centenares de pérdidas humanas. Se supone que la confiscación de recursos alimenticios condujo a las rebeliones de las tribus africanas en territorio británico. Con posterioridad, el oficial Meinertzhagen acabó de forma expeditiva e implacable con una de esas rebeliones en la región. Todavía no había cumplido los treinta años y alcanzó fama al respecto. Un líder espiritual de Kenya, Koitalel Arap Samui, de la tribu Nandi, era la cabeza de una revuelta en las altas tierras del país y accedió a negociaciones con los británicos. En el momento de estrechar la mano del capitán Meinertzhagen, este le disparó y hubo un tiroteo que causó la muerte de doce miembros tribales de su sequito. En el juicio militar fue absuelto. Luego se supo que Meinertzhagen se apropió de una serie de artefactos tribales, algunos eran propiedad del líder espiritual, que fueron devueltos a Kenya en el 2006, es decir, cien años después.

El Departamento de Guerra apartó a Meinertzhagen de África, pero su inteligencia y sus maniobras le permitieron el regreso a Sudáfrica en menos de un año. Hasta la Gran Guerra estuvo destinado en Mauricio y luego en India, desde donde comenzó su participación en la contienda como miembro del servicio de inteligencia británico, y cuyas aptitudes se manifestaron valiosas para contrarrestar a los alemanes en el teatro africano de operaciones, de tal modo que entre 1916 y mediados de 1917 era jefe regional del servicio en el África Oriental, con sede en Nairobi (Kenya).

Tras una temporada en Gran Bretaña, el comandante Meinertzhagen fue enviado al Sinaí, destacando en el ataque por sorpresa y decisivo, conocido como *Haversack ruse* en la historia militar. Un modelo de gran impacto en operaciones similares en la posterior II Guerra Mundial[113]. Hombre de grandes estratagemas, parece que se le ocurrió hacer caer en manos otomanas un correo con falsos planes de batalla británicos. Fue lo que proporcionó un victorioso ataque sorpresa de la caballería aliada, especialmente australianos y neozelandeses en octubre de 1917, sobre posiciones germano-otomanas en Palestina.

A principios de 1918, el Ministerio de Exteriores del gobierno británico anunció con la Declaración Balfour, tomada del nombre de su ministro Arthur J. Balfour, que veía favorablemente la creación de una patria judía en Palestina. Lawrence declaró en esa ocasión que la influencia judía podía ayudar a la creación de una nación árabe, por su pasado cultural, pero que debía limitarse convenientemente su poder.

En diciembre de 1918 tuvo lugar en Londres una reunión entre Feisal, Lawrence y el líder sionista Weizmann. En la Conferencia de París celebrada después del Armisticio actuó

---

113. En la II Guerra Mundial Churchill creó la *London Controlling Section*, que ejecutó planes similares, entre ellos aquellos que desviaron la atención del desembarco en Normandía en 1944. Cf. Anthony Cave Brown, *Bodyguard of Lies*, Harper and Row, 1975, p. 311 (2-volume edition).

Meinertzhagen como el Oficial Jefe Político de Allenby, lo cual le colocaba en una posición privilegiada dentro de las intrigas para la creación del Mandato de Palestina bajo control de los británicos. Pese a sus maniobras en favor de una posterior patria para los judíos en Palestina, algunos historiadores israelíes consideran al coronel como un personaje ambiguo y en esencia un defensor de los intereses británicos; pero también existían algunos defensores de su personalidad, como el primer presidente de Israel, el Dr. Chaim Weizmann, que lo consideraba un auténtico amigo del sionismo[114], que ponen fuera de duda sus inclinaciones en el Oriente Próximo.

El mismo coronel escribió en sus memorias que el nacimiento del Estado de Israel fue uno de los grandes acontecimientos históricos que pudo presenciar[115]. Se firmó un documento el 3 de enero de 1919 donde partiendo de una hipotética soberanía árabe, el emir aceptaba la emigración de hasta cinco millones de judíos a Palestina. Una soberanía para la que se contaba con algunos miembros del gobierno árabe y del grupo de asesores de Faisal. Pero en octubre del mismo año el nuevo plan del delegado americano William Yale entraba en contradicción, pues transformaba Palestina en un gobierno británico sin posibilidad de asentamientos judíos.

El coronel Meinertzhagen, después de la creación del Estado de Israel, se dedicó a sus actividades científicas en la ornitología en territorios como Yemen, Arabia Saudí, el golfo de Aden, Somalia y Kenya. Una supuesta casualidad es la zona que le tocó investigar a este profesor «Herbert Cronstatter» británico[116]. Al menos produjo una obra maestra

114. Weizmann,Chaim. 1949. *Trial and Error*, Harper Press, New York, p. 180.

115. Meinertzhagen, Richard. *Middle East Diary*, London, Cresset Press, 1959.

116. Nombre que adoptan las supuestas actividades secretas, previas a la II Guerra Mundial, del mariscal alemán Erwin Rommel, en el film

del estudio sobre las aves, *Birds of Arabia*[117], que le vale un lugar en las ciencias naturales. Quien fue realmente su alma gemela, el coronel Lawrence, lo describe así: «Meinertzhagen no se andaba con chiquitas. Era lógico, un idealista en profundidad. Era un estratega, un geógrafo»[118].

Respecto a la «Tierra Prometida» que Meinertzhagen y Lawrence habían ayudado a diseñar, en una alianza con las tribus locales, a principios del siglo XX, que partía de una población de grupos beduinos árabes en esa zona que sumaban poco más de ciento setenta mil integrantes[119], de los cuales dos terceras partes se ubicaban en el desierto del Negev y cerca de cincuenta mil en el norte del país, en las fronteras con Líbano, Jordania y Siria. El Estado israelí, al igual que sus autócratas vecinos, siempre ha intentado controlarlos y censarlos: desde la antigüedad los gobiernos centrales luchaban, física o administrativamente, contra los nómadas. Su población es la que tiene una tasa de natalidad mayor en el país, 5%.

(137)

---

de Billy Wilder *Five Graves to Cairo* (1943), una obra maestra que se ambienta en Libia. T. E. Lawrence, Seven Pillarsof Wisdom (A Triumph), 1926, Londres, edición para suscriptores.

117. Meinertzhagen, Richard. 1954, *Birds of Arabia*, Edimburgo, Oliver & Boyd.

118. «Meinertzhagen knew no half measures. He was logical, an idealist of the deepest, and so possessed by his convictions that he was willing to harness evil to the chariot of good. He was a strategist, a geographer, and a silent laughing masterful man; who took as blithe a pleasure in deceiving his enemy (or his friend) by some unscrupulous jest, as in spattering the brains of a cornered mob of Germans one by one with his African knobkerri. His instincts were abetted by an immensely powerful body and a savage brain».

T. E. Lawrence, *Seven Pillars of Wisdom*, 1926.

119. Cf. Ben-David, Yosef. 1999. *The Bedouin in Israel*, Israeli Minister of Foreign Affairs. <http://www.mfa.gov.il/mfa/mfaarchive/1990_1999/1999/7/the%20bedouin%20in%20israel>

Es interesante el estudio israelí escrito por Ben-David, pues hasta la fecha las cifras de comunidades tribales en Israel eran más bajas de acuerdo a las fuentes oficiales. La *Encyclopedia Judaica* (editada en Nueva York) hablaba tan solo de quince mil beduinos en el Negev tras la fundación del Estado, y una fuente crítica y alarmista contra el Estado de Israel lo reducía a once mil[120]. Tal vez el estudio oficial incluya a las tribus de los territorios palestinos, pero se acerca más a la realidad y a la imposibilidad de su control total por parte de cualquier Estado de la región, por muy organizado que esté. Israel demuestra que intentó urbanizarlos en lo posible, construyendo no solo kibutz sino poblados beduinos como el de Tell as-Sabi/Tel Sheva, el primero de este tipo, que data de la fecha clave de 1967, o el más grande como Tell Rahat, «el montículo tranquilo» puede ser una traducción fiel, y sarcástica, con veinte y ocho mil habitantes.

La Surya al-Assad y su vecino Israel han tenido una curiosa relación a lo largo de los últimos cincuenta años. Una relación de enemistad, pero con un respeto mutuo en el fondo. Sin embargo, el nombre de Israel fue vetado en Siria hasta 1994; se utilizaba hasta entonces el eufemismo sirio de «Disneylandia» para dirigirse al poderoso vecino. Era habitual en los años ochenta y primeros noventa del siglo XX que los personajes administrativos y empleados del gobierno sirio buscasen la excusa de la guerra provocada por ese enemigo extranjero cuando les preguntabas por qué no se mejoraban determinados y concretos aspectos cotidianos de Siria.

Pero, a partir del otoño de 1994 la televisión siria se vio plagada de documentales que glosaban la lucha de Siria en la guerra del Yom Kippur. «Israel se dio cuenta de la

---

120. Khalidi, Walid (Ed.). 1992. *All That Remains. The Palestinian Villages Occupied and Depopulated by Israel in 1948*. IoPS, Washington.

capacidad estratégica y logística árabe», era la consigna más repetida en ellos[121], con el fondo instrumental de una popular canción de los años 70 interpretada por Umberto Tozzi, «Tú».

Parece ser que Damasco intentaba un deshielo con Occidente después de no ver resultados tras cuatro años de apoyar a las fuerzas liberadoras contra Sadam Hussein en la I Guerra del Golfo. Aún así, desde la implantación del régimen de los Assad hasta las protestas de 2011, siempre se mantuvo el «mandato de emergencia» para justificar el enemigo externo.

Muchos episodios de la historia reciente y folklore israelí se nutren de su convivencia con la Siria de los Assad. Y algunos de ellos atañen a la reputación de infalible de varias de sus instituciones de seguridad. Uno de los más cacareados y heroicos, presente en la memoria de todo israelí que se precie, es la historia de Eli Cohen, un arrojado héroe popular israelí ejecutado por Siria en 1965 y cuya repatriación de restos es una de las metas sentimentales de todo israelí que se precie.

Otra historia más reciente, y bien diferente, en la memoria popular israelí, es un oscuro episodio del anterior mandato de Bibí Netanyahu, que daba evidencia de las intromisiones políticas sobre una de las instituciones tradicionalmente más eficaces del país: «el Instituto» (nombre clave del Mossad, servicio secreto israelí). En 1997 era detenido por el Estado israelí un individuo llamado Yehuda Gil, un prestigioso agente, cerebro de la «Operación Moisés», el rescate de falashas, judíos del África subsahariana, y «profesor del Instituto» donde impartía la asignatura «El arte de mentir», que estuvo a punto de poner a Israel al borde de nuevos conflictos con su buena vecina Siria. Al parecer, en medio de una misión

---

121. Según la agencia oficialista siria Sana.

secreta, Yehuda Gil, un experto entre los árabes, se había quedado solo y sin informadores sirios. Así que se inventó un amigo agente imaginario que le pasaba información fidedigna[122].

Es curioso que ambos bandos del conflicto sirio vuelvan a arremeter ahora contra el enemigo israelí como instigador último de varios de los sucesos acontecidos. El más notorio fue la supuesta muerte a principios de junio de veinte sirios que participaban en protestas en los altos del Golán, una noticia manipulada por los israelíes que clamaban que era una estratagema siria para desviar la atención[123]. A principios de diciembre de 2011, Israel se preparaba ante una eventual llegada masiva de refugiados sirios a los altos del Golán. El *Tsahal* (ejército) temía la infiltración de grupos armados.

A finales de 2011 el régimen sirio clamaba que los causantes de la violencia en el país eran terroristas extranjeros. Pero lo cierto es que gran parte del Ejército Sirio Libre, capitaneado por el coronel Riad al-Asaad, proviene de deserciones de las fuerzas de seguridad del régimen[124].

A finales de la primavera de 2012 se incrementaba el número de presos palestinos en cárceles israelíes que seguían una huelga de hambre secundada por casi el 50% de la población árabe encarcelada en el país de la estrella de David. El fenómeno ha sido tildado como *intifada de las cárceles* en medios del mundo árabe.

Sin embargo, pese a las críticas internas al gobierno de Netanyahu, se deducía de los sondeos no solo una

122. Los agentes sufrían mucha presión psicológica adornada con las intromisiones de la esposa de Bibí, Sarah la Sheriff, en círculos críticos de Israel.

123. Incluso por un medio «de izquierdas» como el diario Haaretz.

124. Cf. Iriarte, Daniel. «Que la OTAN los machaque!». *Diario ABC*, 16/12/2011.

victoria en las urnas para las esperadas elecciones de septiembre de 2012, sino un leve aumento, quizá a expensas de partidos conservadores más moderados como *Kadima*. Pero las maniobras de principio de mayo sorprendieron al país: el Likud se aliaba con Kadima, entonces en manos de uno de los críticos al ataque a Irán, el exgeneral Saul Mofaz, antiguo ministro de Defensa durante el mandato de Sharon. Con esa maniobra política se pretende eclipsar al Kadima de la época Olmert, antiguo primer ministro y crítico con el ataque a Irán. Pero creemos que ante todo se trata de una maniobra maestra para eclipsar el papel de la cúpula y élite militar del país que se opone a un ataque militar contra Irán, pese a los deseos de los políticos en el gobierno. En ese momento la opción militar israelí contra Irán se encontraba débil entre la *intelligentsia* del país.

La situación política de Israel se parece mucho a viejas situaciones prebélicas, como el pacto laborista-Likud de los días previos a la Guerra de los Seis Días en 1967. No se debe olvidar que en Israel, después de décadas de conflictos entre los vecinos y haber sufrido varias guerras y ataques indiscriminados contra la población civil, se ha creado una gran capa crítica de la sociedad civil, con personas descontentas con el devenir de los acontecimientos. Pues este continuo sentimiento de asedio latente ha creado un malestar, que ahora socialmente se canaliza en parte con el movimiento de indignados en Israel. La corrupción y la percepción popular de que una satrapía se ha instalado en la élite gobernante del país pueden estar llevando a Israel a una gradual y silenciosa guerra social interna, al igual que en los países árabes o en Occidente.

Por otro lado, se ha estado creando una peligrosa tendencia en el país de la estrella de David, donde una crítica a los planes belicistas del parlamento dominado por el Likud y con su primer ministro Netanyahu a la cabeza, estaba llevando a una caza de brujas contra cualquiera que criticara los discutibles planes de ataque[125].

Sin embargo, en un alarde del libre pensamiento tradicional del Estado de Israel, Yuval Diskin, el antiguo jefe del Shin Bet (servicio secreto interior), un duro antiguo jefe del Mossad de hace de más de diez años, Meir Dagan, y hasta políticos de raza como Ehud Olmert[126] o el presidente Shimon Peres, se oponen a un ataque israelí, que no cuenta no solo con el rechazo de los EE. UU. y Occidente, sino de una importante parte de la opinión pública de Israel[127].

La crítica interna y externa sobre los planes bélicos en Israel y las abortadas elecciones de comienzos del otoño de 2012 son los únicos hechos que están retrasando un ataque sobre Irán. Pero no frenan la cada vez mayor escalada de guerra de espías, con atentados recíprocos en escenarios de África y Asia sobre personal diplomático israelí y científicos iraníes desde 2011. Entre el fin del invierno y comienzo de la primavera de 2012, se filtraron algunos detalles de un supuesto ataque aéreo israelí sobre Irán[128].

Y tal vez pesen también las presiones de los *sabras* (nacidos en Israel) de nuevo cuño, es decir, que no lo son originalmente pero se comportan como tal, exiliados de otras regiones del mundo, en especial de la ex-URSS, y que acatan las nuevas leyes emitidas por el ejecutivo israelí y que

125. En el discurso más reciente en conmemoración del día del Holocausto, Netanyahu dijo que Irán actuaba premeditadamente para destruir a Israel.

126. El precedente primer ministro, líder del partido conservador *Kadima* (Adelante), una rama escindida del viejo Likud.

127. El mismo jefe del Estado Mayor, el general Benjamín Gantz reconoció en Haaretz que Irán aún no decidió la construcción de una bomba nuclear, a pesar de encontrarse en esa posibilidad.

128. El cual implica el vuelo de más de 100 aviones de combate atravesando más de 1.500 km del espacio aéreo de países musulmanes, además de un ataque simultáneo de varios blancos distantes entre sí. Toda una odisea militar.

favorecen la creación de nuevos asentamientos de colonias en Cisjordania. Una medida que se salta la legalidad internacional y los acuerdos previos con la Autoridad Palestina.

Este factor y otras cuestiones administrativas son algo más que un caldo de cultivo para la *intifada de las cárceles*. Quizá el nuevo pacto, que fue preparado meticulosamente en secreto a mediados de la última primavera, acabe con las aspiraciones de *pax palestina* de la era Tzipi Livni como jefa del Kadima[129]. Malos vientos que coinciden con el fragor bélico en Siria.

129. No en vano, una semana antes de hacerse público el pacto Kadima-Likud, Ehud Olmert acusó en un foro del lobby judío norteamericano a Netanyahu de no querer solucionar la cuestión palestina de forma pacífica.

7

Irán entre las tribus de Wassmuss
y el desafío nuclear

En la misma década del nacimiento de T. E. Lawrence, en Alemania venía al mundo cerca de Hannover el que sería conocido como el «Lawrence alemán», otro occidental que pretendió comprender y guiar a los orientales. Wassmuss tiene muchos más tintes de héroe trágico, pues en su misma personalidad se daban varias de las características aunque más exacerbadas del inglés. Wassmuss era si cabe más soñador y místico que Lawrence, y con mayor altura moral que Meinertzhagen. Los tres compartirían su amor por el desierto, aunque defendiendo causas diferentes.

El alemán Wilhelm Wassmuss (1880-1931) desde el principio tuvo clara su vocación diplomática y una fuerte atracción por Persia. Tras una estancia en Madagascar, fue destinado a la ciudad portuaria iraní de Bushehr durante un breve tiempo y luego fue enviado de nuevo a Madagascar. Le impactó tanto Irán y sus gentes que se puso a estudiar las poblaciones de la región como un poseso. Fue destinado de nuevo a Bushehr en 1913 y tras explotar la «Gran Guerra» convenció a sus autoridades, en realidad el Kaiser era un gran entusiasta de ese tipo de planes arriesgados, que podía impulsar y llevar a cabo una revuelta de tribus iraníes contra el Imperio británico (oficialmente era el cónsul alemán en Isfahan).

En 1915 llegó a situarse cerca de Kut el Amara, una ciudad estratégica en el Tigris, no muy lejos de Baghdad, y preparó la avanzada de lo que fue una famosa batalla en la cual fueron capturados altos mandos británicos por los otomanos con la ayuda alemana. Se sospecha que Wassmuss estuvo detrás de ciertas indicaciones topográficas clave. Con ella se frenaba el sistema de riego de crudo a los británicos

(145)

en el Golfo y Kuwait. Sin embargo, el teatro de operaciones de Wassmuss casi se circunscribió todo el tiempo a Irán, con los ambiciosos planes de inclinar a este país del lado germano-otomano. Empezó a entrenar militarmente desde Bushehr a varias de las tribus de Irán como los Qashgai y Tangsir. Tratando de propiciar una revuelta fue capturado por un jefe tribal que quiso venderlo a los británicos, pero Wassmuss escapó. Consiguió atraer más tribus para su plan, provenientes del norte del país, como los Bajtiari y Luri, e incluso del Badajastán. Pero si bien evitó la conquista ruso-británica del país, no logró atraer oficialmente a Irán para su causa, y después de la guerra se vio en el más completo fracaso.

Ninguna tribu le traicionó durante todo este tiempo y solo pudo ser capturado por los británicos tras el fin de la guerra. No consiguió que Alemania pagase el dinero que él mismo prometió a los jefes tribales, para lo cual estableció una granja con la finalidad de pagarles con los beneficios obtenidos. Este experimento fracasó y tuvo que volver a Alemania, donde falleció poco después.

A grandes rasgos, los suníes del Magreb y el Mashreq son pueblos más marítimos en comparación con los continentales iraníes. Aunque creadores de los principales medios de orientación en la locomoción marítima (clepsidras, astrolabios universales, cuadrantes), a lo largo de la Historia no destacaron en la navegación o historia militar naval respecto a otros pueblos occidentales como los ingleses, holandeses o escandinavos. La orientación marítima de sus grandes urbes es evidente: Casablanca, Argel, Túnez, Trípoli, Alejandría, Beirut, Estambul, son ciudades que se afincan en la costa y controlan rutas comerciales marítimas, aunque sus habitantes miren de cara al interior.

El caso del centro del chiísmo es diferente. Un pueblo como el de Irán es continental con sus grandes urbes, no solo alejadas unas de otras, sino enclavadas en el interior de Asia. En cierto modo, la historia de los Imperios turco y persa ha corrido paralela desde el siglo XVI. El Imperio

Safavida que se estableció en 1501 es contemplado como la edad dorada del Irán de los siglos pasados. El iniciador de la dinastía, Ismail Shah, pertenecía a una orden sufí, los Safavi, y de ahí el nombre. Su primacía duró unos doscientos años, justo el periodo aproximado de auge del Imperio otomano. Y con esta dinastía se conseguía unificar gran parte del territorio, que a grandes rasgos se conserva en la actualidad como Irán. Sin embargo, el territorio de ambos fue entonces mucho mayor que la actual Turquía o Irán. La Persia de la época se extendía además por zonas de Asia Central, Afganistán y Pakistán, además de las actuales repúblicas de Armenia, Azerbaiyán, Georgia, es decir, una buena parte del Cáucaso, y la isla de Bahréin. El fenómeno explica la gran influencia de Irán en esas tierras durante los últimos siglos.

Desde este periodo, el chiísmo fue proclamado la religión oficial del país. Como paradoja, a medida que declinaba la época safaví aumentaba la implantación general del chiísmo. En el pasado, con los Selyúcidas en el centro de Anatolia, se produjo un fenómeno similar con la sunna, que fue recogida de forma algo más tolerante por su sucesor el imperio turco otomano. Es curioso que las tradiciones culturales de religiones preislámicas influenciasen en su día a ambos pueblos y se mantuviera como una constante a lo largo de su Historia.

Además, ambos imperios mantuvieron durante el periodo algo más que una guerra fría, puesto que los enfrentamientos armados irrumpieron diversas veces a lo largo de su existencia. El primer encuentro militar sonado de ambos imperios se produjo tras el primer fallido asedio de Viena, y trajo como consecuencia la toma temporal otomana de Tabriz y las posteriores conquistas de Bagdad, Nayaf y Kerbala.

Estas no solo permanecieron largo tiempo en manos del Imperio otomano, sino que las dos últimas, grandes santuarios chiíes, quedaban fuera del territorio nacional de Irán, lo que siempre ha creado un dolor en la mentalidad iraní, en su concepto de identidad nacional, y explica en parte el deseo iraní de inmiscuirse en la política del actual Iraq.

Después de Marco Polo, el primer occidental moderno que visitó Irán fue un antiguo cruzado inglés, Geoffrey de Langley, un enviado del rey Eduardo I de Inglaterra a la capital de la corte del gran ján mongol en 1291, Tabriz. De Langley permaneció allí un par de años y nos dejó un detallado resumen de sus andanzas[130]. Eran los albores del turbulento siglo XIV para Occidente, a mediados del mismo vendría la Peste Negra que tanto afectó la población y el devenir futuro del continente[131]. Para ambas tierras comenzaba una relación histórica, que no siempre fue vista con buenos ojos por la mentalidad colectiva iraní.

Un curioso personaje, un agente británico de *la compañía de Moscovia*, Anthony Jenkinson, es el siguiente inglés del que nos consta una visita al país a mediados del siglo XVI[132]. Pero unas décadas después se inició el permanente interés británico por la zona, cuando la reina Isabel I de Inglaterra, tras la creación de la Compañía de las Indias Orientales, llegó a un acuerdo con el Shah safávida para

148

130. Antecedía pues a la embajada ante Tamerlán que el rey Enrique III de Navarra envió bajo la figura de Ruy González de Clavijo y otros dos caballeros. Contamos con su descripción en el primer libro de viajes escrito en castellano, *Embajada a Tamerlán* de Ruy González de Clavijo del siglo XV.

131. Entre otros factores afectó al comercio y relaciones con el Oriente.

132. Este mismo fue uno de los primeros occidentales que puso en contacto tanto Rusia como Irán en sus viajes. Y atravesó zonas de Asia Central, con finalidad comercial, que más de tres siglos después serían parte del *Gran Juego*. Como curiosidad, este viajero con sus escritos contribuyó a la mala fama del zar ruso Iván IV el terrible (conocido cono *grozny*, el grande en Rusia); mal pie para las primeras relaciones ruso-inglesas, puesto que solo unos años antes había sido enviado el primer embajador del zar a Londres.

comerciar en el puerto de Yask, no lejos del estrecho de Ormuz. Se iniciaba la presencia inglesa en el Golfo.

El fin del colonialismo británico en Iraq y la falta de devolución de Nayaf y Kerbala a zona de control persa es otro ladrillo más en el muro que separa culturalmente a ingleses y persas. El poder militar británico dejaba de estar oficialmente en el Golfo y las inmediaciones de Irán en 1971. El poder británico dejaba de ser entonces un muro de contención directo contra el paralelepípedo suní.

Hay pues no solo una fijación imperial persa, sino una especie de resentimiento cultural contra la imagen de los colonialistas ingleses desde hace más de cien años. Se dice en la calle iraní que son los ingleses quienes influencian a los norteamericanos, y no viceversa. Corre la historia que cuando el príncipe Carlos fue a visitar a los damnificados por el terremoto en Bam, no fue por caridad humana sino a comprobar que las instalaciones secretas inglesas estaban intactas tras el seísmo. Reminiscencias del «gran juego» entre los imperios británicos y ruso, y donde Irán fue una pieza importante en el tablero de juego centro-asiático.

La subida al poder de Ahmadineyad en 2005 significó un retroceso de las reformas sociales promovidas en la era de Alí Akbar Hashemí Rafsanyani. A pesar de esto, una hispanista de origen iraní, Naymeh Shobeiri, con credenciales de liberal, al inició de su primer mandato dijo que «Ahmadineyad no era peligroso». Lo cierto es que en la actualidad existe una aparente disensión de poder interno en Irán, entre el líder supremo Jameini y el presidente Ahmadineyad. Pero no mayor o menor que otros periodos de la llamada Segunda República Islámica, aquella que se inició con la muerte del Imán Jomeini en 1989.

Con el comienzo del año nuevo, la escalada militar de Estados Unidos cerca del estrecho de Ormuz no hacía presagiar ningún deseo navideño de paz y fraternidad para el futuro de la región y en concreto con la tierra de los persas. Tres grandes portaviones, el Stennis, el Carl Wilson y el Abraham Lincoln, acompañados de media docena de avanzadas fragatas de combate, se mantenían en el corazón del invierno en la zona del Golfo. Además servían como indirecta punta de lanza para evitar otros conflictos potenciales entre las aguas de los mares Rojo, Arábigo y el Océano Índico.

A mediados de la primavera de 2012 ya era *fait accompli* un embargo de proporciones mundiales sobre el crudo iraní. Todo en medio de una grave crisis social-política y económica a escala global. Países con un juego destacado en la economía mundial dependen del petróleo iraní en una buena parte[133]; incluso un país satélite de la cultura hindú como Sri Lanka, lo hace en su totalidad.

En el caso de España, el petróleo de Irán solo supone el 13% del total importado, el mismo porcentaje que Italia, el siguiente en la lista de rescatados por el BCE[134], en apariencia menos importante que el petróleo y gas argelino, nuestro Talón de Aquiles energético, en realidad. Pero Irán ha llegado en algunos momentos (2004) a convertirse en el noveno socio comercial de España. Según datos disponibles, alrededor de 2.000 empresas españolas tienen algún tipo de acuerdo comercial relacionado directa o indirectamente con Irán. El caso de una planta de energía solar española, la empresa Aries, en Yazd, es una de las inversiones importantes de España en el país de los persas.

133. Turquía, clave del paralelepípedo sunní, importa en su total un 51% de Irán, Sudáfrica un 25%, India y China (los llamados Chindia por los analistas), un 11%. Japón un 10%. Esto explica asimismo porque Chindia tiene una posición calificada de ambigua por Occidente ante el embargo iraní. Los países europeos tienen también porcentajes menores pero importantes para no desdeñarse: Grecia un 14%, Francia un 4%, Holanda un 2% y tanto Alemania como el Reino Unido un 1% (Fuente OPEP). Se deduce que un embargo nos afecta más a los españoles que a los países con política decisoria actual en la UE. Cada uno barre para su casa. EE. UU. está tensando demasiado la cuerda con el potencial y crucial aliado futuro indostaní.

134. Fuente OPEP.

En la tradición judía, el primer imperio persa, aqueménida, iniciado en el siglo VI a. C., era visto, junto con su fundador el Sha Ciro, como un salvador, frente a los asirios que habían provocado su éxodo a Babilonia. Persia no es un pueblo antijudío y se puede comprobar en su devenir histórico a partir de la implantación del Islam en el país. Siempre hubo una comunidad judía en el país, que en 2.012 oscila alrededor de las veinte mil personas.

Una paradoja, teniendo en cuenta los acontecimientos iniciados a finales de 2011 con la opción militar contra Irán por parte de Israel. Un ataque contra las instalaciones nucleares en Irán, las cuales independientemente de si se trata o no de auténticos planes de armamento por parte del país del Golfo, es cierto que le podrían dotar de capacidad nuclear, en un país con grandes reservas de petróleo y gas, y por lo tanto convertirse en la indiscutible potencia regional, por delante de Turquía.

Con el triunfo de la denominada «Primavera Árabe» vivimos quizá la última oportunidad para evitar el ocaso del paralelepípedo chií. Para Irán, tener capacidad nuclear no es un desafío contra Occidente, sino en primer lugar una cuestión de supervivencia del régimen. como se deduce de las afirmaciones del guía supremo Alí Jamenei, e incluso de una vieja idea del Imperio persa. Por eso no aceptarán cualquier tipo de trato. Estados Unidos insiste en la renuncia de Irán a enriquecer uranio por encima del 5%, que evitaría su capacidad militar, pero no se alcanza un acuerdo. Pero nadie hace concesiones, y el actual gobierno de Israel es el actor menos racional dentro de las tensiones.

Una prueba son los cerebros científicos iraníes muertos o heridos en extrañas circunstancias durante los últimos años, y a los cuales se liga siempre con el programa nuclear iraní. Entre los afectados figuran el jefe de la Organización de Energía atómica de Irán, Ferreyddun Abbasí, el físico Alí Mohammadi, o el ingeniero atómico Mayid Shariar. La muerte del general Hasan Moghaddam, jefe de los Pasdarán, o la supuesta deserción del general en la reserva Alí Reza Asgari[135], entran dentro de esta escalada.

EE. UU. juega un papel directo y sin cortapisas en toda la trama de la oposición antinuclear iraní, cuando el tema se convirtió en uno de los ejes de la política exterior norteamericana a finales de 2011. Un debate intenso, y con divisiones, entre el mismo lobby judío norteamericano, con visibles cabezas apoyando a un sector o a otro[136]. Pues no son pocos los detractores estadounidenses, con declaraciones públicas o privadas, del ataque. Dos objetores importantes son el ex secretario de Defensa Robert Gates y el ex jefe de las fuerzas armadas el almirante Michael Mullen. En diversos casos las críticas de funcionarios de EE. UU. se dirigen incluso a la capacidad o sentido común del actual Gobierno Netanyahu. También personalidades destacadas de Israel, con pasado militar y en la inteligencia, encabezados por el presidente Shimon Peres, se oponen al ataque aéreo.

Se sospechaba en los comienzos de la primavera de 2012 que Israel ya cuenta con el beneplácito de EE. UU. y con la fuerza militar necesaria para iniciar un ataque preventivo, que hipotéticamente tendría lugar a finales del verano del mismo año, y con garantías de relativo éxito sobre las instalaciones iraníes. Pese al supuesto apoyo norteamericano, se observa una divergencia entre las prioridades políticas actuales de los EE. UU. e Israel. Es conocida la presencia de drones, aviones no tripulados estadounidenses, en Siria e Irán.

135. Este antiguo viceministro de Defensa durante la presidencia de Muhammad Jatami, desapareció en Estambul en 2007, supuestamente secuestrado por la CIA y el Mossad.

136. Los mismos fundamentalistas protestantes estadounidenses constituyen uno de los sectores que apoyan el ataque, cf. Birnbaum, Norman. «Israel y EE. UU. frente a Irán: una alianza incierta». *Diario El País,* lunes 19 diciembre 2011, pp. 28.

Además, a medida que se acercaba el otoño, el tema de Israel e Irán formaba parte de la campaña presidencial norteamericana. Mitt Romney, antiguo compañero de fatigas norteamericano de Netanyahu, miembro del lobby religioso que apoyaba la intervención de Iraq, además de verse involucrado en asuntos de cibertecnología y vigilancia tecnológica que supuestamente fueron vendidos a la actual China por antiguas empresas suyas (lo que nos recuerda de cerca el tema Sarkozy-Amesys-Gadafi[137]), parece encontrar un peligroso abono en el tema de Oriente Próximo[138].

Varios inspectores del Organismo Internacional de la Energía Atómica visitaron Irán en febrero de 2012, pero sin obtener resultados muy concretos. La Unión Europa, pese a las sanciones contra las importaciones de crudo, encara en la actualidad una vía negociadora para la «crisis nuclear» iraní. Y de ahí las reuniones que tuvieron lugar en Moscú a mediados del pasado junio de 2012. Pero una de las contraprestaciones que entonces ofreció la UE fue la ayuda a las instalaciones en Bushehr, que nosotros contemplamos como una oportunidad para que los continentales chiís tengan una importante «pica» en el mar. Un hecho que no deberían dejar pasar por alto en su deseo de supervivencia.

137. En el año 2007 una empresa francesa, Amesys, filial del grupo francés informático Bull, vendió un sistema especial de vigilancia al régimen de Gadafi que permitía espiar a la población libia. Varias querellas se han aceptado al respecto contra la sociedad tecnológica, incluida la imputación de «complicidad de actos de tortura»; incluso alguna de las partes querellantes (Federación Internacional de las Ligas de Derechos del Hombre), ligó el asunto a la financiación de la campaña Sarkozy en 2007.

138. El candidato presidencial Mitt Romney, patrocinado en su gira «oriental» de julio de 2012 por Adelson, promotor de Eurovegas en España, y también aliado de «Bibi» Netanyahu, expone al público norteamericano frases realmente hilarantes, como la atribución a la mano de «la divina providencia» las diferencias económicas entre el PIB de Israel y la ANP.

La cuna del imperio persa está sufriendo un periodo decisivo para su supervivencia futura. No es de extrañar que Irán tenga que buscar aliados en diversas lejanas regiones mundiales. Algunos han demostrado una lealtad al pacto por encima de inescrupulosos intereses económicos mundiales, caso del chavismo venezolano o la Rusia de Putin.

Otros países que en el pasado forzaron alianzas o políticas en la OPEP para mantener altos precios de petróleo o cuotas de producción pactadas, dejaron en la primavera de 2011 de seguir con este comportamiento. Curiosamente, coincidiendo con el ecuador de la llamada «Primavera Árabe». Entre estos países encontramos adalides de una rama del paralelepípedo suní como Arabia Saudí, Kuwait o las monarquías del Golfo, curiosamente los vecinos inmediatos al occidente de Irán. Son los grandes beneficiarios del embargo del petróleo iraní[139].

Las transacciones bancarias mundiales empezaron al unísono a ser un problema para Irán. Bancos de las monarquías del Golfo o la floreciente Turquía dejaban de ser un *liman*[140] para las ventas del crudo iraní. Pero no nos engañemos, Irán también defiende sus propios intereses. El ahogo de la revolución verde iniciada en 2009, y que vemos como la punta del iceberg de la supuesta «Primavera Árabe», supuso un tiempo precioso ganado para los intereses del paralelepípedo chií.

Era de prever la derrota del bando anticonservador entre los votantes y activistas de Irán. Por otra parte, el

---

139. Recordemos la gestión crucial realizada por el rey Juan Carlos I para asegurar a España el abastecimiento de petróleo saudí como sustitutivo del iraní a partir de este verano; una maniobra con visión de futuro teniendo en cuenta la fragilidad de los acontecimientos.

140. Esta palabra, que significa «puerto», es un vocablo de origen persa que se emplea en el árabe, turco e incluso el griego, idiomas donde no se emplea en uso común otro vocablo para «puerto». Una prueba más de la gran influencia cultural persa al este de Europa.

enroque de pilares del régimen actual como los *pasdarán*[141], y su poder y control decisorio sobre la industria petrolera no son el mejor elemento de disuasión para los planes de embargo acatados por Occidente.

Dentro de la mentalidad colectiva de Irán, Siria es vista como un territorio nacional con grandes lazos históricos[142]. Los persas propiciaron un continuo clima de enfrentamiento, muchas veces con fines solo propagandísticos, de persas y sirios contra Roma. Los partos logran ocupar Armenia y parte de la *Syria Osrhonae*, este del Éufrates, en el 240, llegando hasta la Antakya turca actual, aprovechando un grave periodo para Roma. Una gran batalla tiene lugar entre el emperador Gordiano III y las tropas persas de Shapur I en Resaina (en el 242), que supone el abandono momentáneo persa de Mesopotamia.

Los partos volverán a crear problemas en las fronteras orientales en el 256, cuando reinaba Valeriano, uno de los llamados *emperadores de cuartel*, aquellos nombrados por los soldados. Este emperador, tras una emboscada, será hecho prisionero por Shapur I en Edessa el 260, donde muere en cautiverio. Los romanos capturados fueron utilizados como mano de obra para construcciones monumentales persas como el llamado *dique del emperador,* un pantano. Sin embargo, una alianza del rey Odenat de Palmira y los romanos logra frenar entonces el avance de Shapur I.

Con el otro Imperio persa inmediatamente posterior, la superioridad militar sasánida sobre los romanos durante la primera época no se supo aprovechar, centrándose las fuerzas iraníes más en las *razzias* y ataques sorpresa que

---

141. La Guardia Revolucionaria Islámica de Irán.

142. Es de destacar el papel clave que desempeñó la Palmyra siria en todo el enfrentamiento entre Roma y los sasánidas al encontrarse en un punto fronterizo pues en muchas ocasiones sacó de apuros a las legiones romanas. Por eso en el siglo III, *Palmyra* logró convertirse en el árbitro de la región.

en la expansión militar. La rivalidad sasánida continuó a lo largo de todo el siglo V, pero con Yazdgad I los persas fueron más tolerantes con los cristianos; aunque estos posteriormente volvieron a tener problemas con monarcas como Bahram V o Yazdgad II.

El esplendor sasánida reaparece ya en la época del Imperio bizantino, cuando Cosroes I, apodado «el alma inmortal», llega al trono en el 531. Durante su reinado aparece la primera mención sobre los turcos, que fueron utilizados por los persas para luchar contra sus enemigos los *eftalitas*. Los persas desconfiaron luego de ellos, y los bizantinos pasaron a concertar una alianza con los turcos. El último rey sasánida fue Cosroes II (590-628), la época en la que el imperio sasánida alcanzó su mayor extensión y poder. Cosroes II solicitó ayuda bizantina a Mauricio para destronar a su padre Ormuzd IV. Devuelve el favor entregando algunos territorios a Bizancio, pero tras la desaparición de Mauricio declaró la guerra a Bizancio.

El emperador bizantino Heraclio llegó a hacer una *guerra santa* contra Cosroes, utilizando el pretexto del robo de reliquias sagradas en la conquista de Jerusalén; de ese modo Heraclio devastó la Mesopotamia ocupada por los persas, que fueron vencidos en Nínive. Cosroes II es asesinado entonces y llega un periodo de anarquía. Tras llegar al poder Yazdgad III y restablecer el orden, los persas tienen que combatir contra los árabes y serán entonces derrotados en el 634 y el 642. Incluso en su final tuvo el imperio persa sasánida un paralelo con el persa aqueménida: poco después del máximo esplendor llegó la desaparición con una primacía en la época mayor que su papel actual como potencia regional e influencia cultural en Oriente Próximo y Asia Central.

Líbano ha sido tradicionalmente uno de los escenarios del conflicto por el control de las rutas comerciales, religiosas y étnicas de la región. Es una zona de doble interés para Irán, por su población chií, sumada a la alauí es cercana al tercio de la población y su conexión con ciudades mediterráneas y con larga tradición marítima a lo largo de la Historia. Los destinos de Siria se han visto ligados muchas veces a este territorio, a veces convertido en un protectorado sirio, especialmente en algunos periodos de la segunda mitad del siglo XX. Uno de los casos más recientes es el periodo que va desde principios de los años noventa hasta 2005, momento de la muerte del empresario y líder político Rafic Al-Hariri, líder de los suníes del país, que representan casi un tercio de la población.

Los alauíes del Líbano han hecho ostentación en la última década de banderas sirias y retratos de la parafernalia familiar al-Assad. El mismo Hezbolá del Líbano, una milicia muy organizada política y socialmente, aliada de al-Assad, es un caso paradójico, pues siendo un grupo chií, a la hora de enfrentamientos con fuerzas no árabes recibe el apoyo de la opinión pública árabe no libanesa, mayoritariamente chií. Un caso tipo es el enfrentamiento bélico con Israel en julio de 2006.

El líder de Hezbolá, Hasan Nasrallá, goza de popularidad en solo determinados entornos fuera del Líbano[143]. Quizá el hecho de enfrentarse a Israel y vivir oculto ante una amenaza de muerte contribuya a mantener ese carisma. En encuestas semejantes se critica a Occidente por su falta de «aplicación de valores democráticos, liberales y reformistas» fuera de sus fronteras[144].

Otra cuestión son las fricciones internas actuales del Líbano y que se recrudecieron entre el invierno y primavera de 2012. Y los temores de que se extienda el conflicto de

---

143. En una encuesta del grupo norteamericano Zogby, era el personaje más popular con el 26%. Bashar el-Assad fue el segundo con un 16%. Pero tres años más tarde, en 2009, Hugo Chávez superó a Nasrullah entre los conocimientos de los encuestados.

144. Cf. Braizat, Fares 2006. «How do Arabs Perceive the West». *Strategy Report*, vol. 2, n. 15, Centre for Strategic and International Studies. Washington DC.

la guerra civil siria hacia el costero país vecino no son infundados. Tal vez la dura experiencia de una guerra civil propia, acabada hace veintidós años, sea uno de los principales muros de contención contra la explosión de un conflicto interno, pero una euforia de victoria suní rebelde en Siria podría dar ese paso. Los comentarios públicos de Saad Hariri apoyan esta hipótesis. Se conoce que en barrios ultraconservadores suníes de las principales urbes libanesas, como Bab al-Tabaná, se han refugiado miembros yihadistas heridos pertenecientes al Yeish al-Hor.

El hecho de que el Líbano sea un bastión controlado desde 2011 por el chiísmo político (con el empresario Nayib Mikati a la cabeza) acerca más esta posibilidad. Los comentarios o maniobras políticas de los líderes chiíes no desmienten las tensiones, pero se atribuyen siempre las injerencias a enemigos extranjeros como Israel u Occidente. Israel sería uno de los más beneficiados si se hubiese mantenido el *status quo* al-Assad en la zona. Rodeado de suníes está más amenazado que en el pasado, sencillamente porque ya no tiene enemigos enfrentados entre sí.

8

Asia Central entre Mckinder y Mahoma: el pivote de la Historia.

En medio de un invierno inglés, cuando al otro lado del Atlántico iban ganando los confederados la guerra civil americana, nacía el que sería un longevo geógrafo británico, murió dos años después de la II Guerra Mundial, que vio caer y ascender nuevos países e imperios en Occidente y en la zona que le daría renombre por sus estudios: Asia Central. Hablamos de Sir Halford Mckinder, creador de la teoría del pivote de la Historia y considerado como uno de los padres de la geopolítica y geoestrategia contemporáneas.

Al igual que Meinertzhagen, el joven Mckinder provenía de cuna aristocrática, se especializó en ciencias naturales y geografía, combinando los conocimientos de geografía física con la geografía humana. Su contribución teórica en diversos campos es impresionante, incluidos dos términos en lengua inglesa tan claves en estudios geopolíticos como «manpower» y «heartland»[145]; pero nos interesa en particular aquí cierta conferencia que impartió en los albores del siglo XX y que se editó como un breve artículo en una revista geográfica[146]. En dicha conferencia impartida en Oxford, Mckinder desarrolló no solo su teoría de la «nación madre», sino que dio inicio a la disciplina teórica de la geopolítica, dando a entender que lo que aconteciese en Asia Central implicaría

(159)

---

145. Respectivamente, «Fuerza Humana» y «Tierra Madre».

146. Cf. Mckinder, Halford John. 1904. «The geographical pivot of history». *The Geographical Journal*, n. 23, pp. 21–37.

el destino del mundo[147]. Una tesis que serviría luego, por efecto de retorsión, como una justificación ideológica para la actual guerra de Afganistán.

Su término de «heartland» fue manipulado para defender intereses políticos expansionistas e imperialistas, tanto por la doctrina Nazi como por la ideología de lucha contra el comunismo durante la guerra fría. En cierto modo, el concepto ha sido también bien visto por defensores del integrismo islámico, al recoger los presupuestos de la *Umma* del Islam: una gran nación madre y la idea implícita de expansión de un núcleo sociocultural sobre el resto del mundo.

La expansión tribal árabe, y con ella el Islam, por regiones asiáticas orientales, siguió un planteamiento semejante al del Magreb, pero con unos matices y encuentros con otras culturas que supuso una penetración más tardía respecto al Magreb en la Antigüedad.

Entre mediados del siglo VII y finales del siglo VIII, un puñado de tribus árabes que provenía de las regiones aledañas a La Meca y Medina conquistó una gran parte del mundo conocido desde Galicia y Toledo al Norte, Fez al Oeste y Samarcanda al Este. Seis o siete siglos después, el ámbito de expansión de la cultura islámica, a través de una estrategia masiva de adoctrinamiento religioso, se había

147. En su posterior, y muy influyente libro *Democratic Ideals and Reality: A Study in the Politics of Reconstruction*, (1919), Mckinder desarrolla a plenitud su teoría de la Heartland, a partir de sus glosas a las discusiones de la Conferencia de París (en la que participaban Lawrence y Meinertzhagen). Este estudio contiene su frase más conocida:

> *Who rules East Europe commands the Heartland; Who rules the Heartland commands the World Island; Who rules the World Island commands the World.*

En este texto contemplaba la importancia de Rusia, que consideraba una amenaza, como agente mundial frente a Occidente.

extendido hasta los sultanatos de Delhi en la India y de Pasai en Indonesia.

¿Cómo fue posible que la ideología conservadora de un conjunto de tribus politeístas de Arabia, convertidas al monoteísmo de su líder Mahoma, pudieran apoderarse de las conciencias de millones de fieles en África, Asia y Asia Central y del Sur? Es un asunto muy poco estudiado en profundidad, pero con múltiples reflexiones desde muchas ópticas diferentes.

Mahoma no era solamente un místico de gran inspiración, sino además un talento político de alto nivel, quizá solo comparable en el mundo nómada euroasiático a la figura del mongol Gengis Jan. A diferencia de este, que supo unificar las tribus de Asia Central en torno a una gran confederación de tribus imperialistas sin necesidad de crear una nueva fuente de legitimación religiosa, Mahoma comprendió que la manera más efectiva de unificar a las agresivas tribus árabes —por otro lado, con una organización sociopolítica menos sofisticada que la de los janes— en torno a un objetivo común que era la construcción de una nueva identidad religiosa con un horizonte de universalidad.

El dilema al que se enfrenta Mahoma, mucho antes de ser conocido como «el profeta», es el de lograr la unidad de los pueblos árabes que están frontalmente divididos entre la aristocracia urbana de los comerciantes del Hiyaz, y los belicosos nómadas tribales de ascendencia beduina, representantes del mundo rural profundamente patriarcal, politeísta y mágico.

Para resolver este dilema había soluciones intermedias y poco realistas, como podían ser las de enfrentar a un grupo contra otro, lo cual hubiera sido un verdadero suicidio de la nobleza de los mercaderes; pero Mahoma escogió la menos cruenta, y por supuesto, más pragmática, colocar a las tribus bajo el mando de una dinastía legitimada religiosamente con base en los centros urbanos. Para lograr esto solo se necesitaba una nueva religión, un monoteísmo hecho a medida de la mentalidad beduina, y así surgió el Islam.

Los predecesores de Mahoma, en el intento de unificar en torno a una religión de salvación universal a las díscolas tribus árabes, iraquíes y turco-iraníes, como Zoroastro o Manes, no lograron nunca semejante éxito, y tampoco pudieron perdurar más allá de algunos siglos. La genial creación ideológica de Mahoma ha resistido ya el paso de mil quinientos años y no parece declinar en absoluto, sino más bien todo lo contrario, no para de crecer. Mahoma crea una ideología supranacional con una misión histórica diferida a futuro: conquistar el mundo conocido y someterlo a la ley de la *Umma,* la comunidad universal de los creyentes. En este esquema, las ciudades comerciantes como Medina, La Meca o Medina, no solo no tienen porqué enfrentarse con las tribus beduinas sino que, por el contrario, deben ser el faro de inteligencia, la luz inspirada que guíe a los guerreros a la conquista de nuevos territorios.

Mahoma logra la primera integración política, militar y religiosa, más o menos estable y duradera, de nómadas y sedentarios en todo el territorio que engloba el mundo pastoril euroasiático. Sus herederos solo tuvieron que perfeccionar la obra, y sobre todo, expandirla. Otros imperios sucumbirían a la presión de la ideología religiosa islámica, la ola llegaría a Roncesvalles y tocaría las puertas de la muralla china.

La fórmula, antes utilizada por Julio César en sus campañas galas, es bien sencilla en términos militares: utilizar la fuerza de las campañas de las tribus bélicas hacia el exterior en vez de ser una presa de las mismas huestes al interior. Al colocar a los beduinos en el deber de conquistar el mundo mediterráneo, asiático y oriental, en general, Mahoma salvaba el proyecto protocapitalista de los mercaderes, aseguraba la pervivencia de la civilización urbana islámica y sentaba las bases de la cultura literaria, científica y filosófica más potente del mundo entre los siglos VII y XII de nuestra era[148].

148. Bajo el imperio de la dinastía suní de los abásidas, también llamado califato de Bagdad (750-1258), la clase bancaria mercantil de

Para muchos estudiosos del devenir cultural y religioso de Asia Central es llamativo que la diversidad de heterodoxias y religiones en la región a finales de la Edad Media[149], contraste con el cuadro del paralelepípedo chií-suní actual. Quizá las razones históricas debemos buscarlas en la creación de un cinturón suní estricto en la zona de Afganistán, Pakistán y Cachemira durante la época de los turcos Ghaznavidas, en el siglo X, tras la caída del dominio Abbasí en el Irán oriental. Ese estricto credo ortodoxo suní, nada envidiable al wahabismo saudí, caló en ciertas tribus, que lo han mantenido durante mil años, y que en periodos alternos de la Historia han esperado su oportunidad haciéndose con el poder regional, cuando no perdiéndolo.

Estos han visto siempre a los chiís iraníes con tanto o mayor recelo que a sus vecinos de otras religiones. Fue irónico que el mercenario turco fundador de la dinastía, Mahmud de Ghazna, fuese un gran protector de la cultura persa; gracias a él, el poeta Firdusi, perteneciente a la aristocracia terrateniente, pasó un tiempo en su corte y escribió uno de los textos más influyentes de la cultura iraní, el *Shahmaneh* (Libro del Rey), muy respetado incluso en los estamentos oficiales del actual Irán.

Tras la Conferencia de París, el académico Sir Mckinder fue nombrado Alto Comisionado británico entre 1919 y 1920 en el sureste de Europa. Sabemos que el antiguo ferviente antizarista, se volvió entonces un acérrimo antibolchevique, e intentó a toda costa unir a los rusos blancos. Tres años más tarde conseguiría su estabilidad como catedrático en Londres, en la *London School of Economics*, a los sesenta años.

---

las grandes ciudades asumió el poder de los títulos de propiedad en el sector agropastoril (Rodinson; 2005).

149. Cf. Janusch, Andreas. 2011. «Las religiones de la ruta de la Seda». En: Lorca, A.; Gil, J. (Dirs.) *Curso la ruta de la seda del siglo XXI*. Cursos Oficiales de Humanidades Contemporáneas UAM Madrid.

El contrapunto ruso a Mckinder, así como a sus teorías sobre el Oriente de Europa y Asia, fue otro intelectual del imperialismo europeo, con derivas fascistas, Carl Gustaf Emil Mannerhein (1867-1951), que escribió *A tráves de Asia del Oeste al Este en 1906-1908,* cuya traducción inglesa solo vio la luz en 1940, donde recoge sus impresiones en calidad de explorador de Asia Central, siendo espía zarista. Más tarde pasó a ser el gobernante títere de Finlandia bajo las órdenes de la Alemania nazi.

Asia Central no está en modo alguno a salvo de la onda expansiva de la «Primavera Árabe». La situación actual en Afganistán no invita a la euforia, y la falta de firmeza no solo puede convertir a Afganistán y Pakistán en Estados fallidos, sino afectar como un efecto dominó a varios países de la región, Irán incluido. El 5 de diciembre de 2011 tuvo lugar una importante reunión de 90 países en Bonn, con motivo de una conferencia de ministros extranjeros para la organización de la reconstrucción de Afganistán tras la programada marcha de los últimos soldados extranjeros en 2014. En noviembre tuvo lugar otra cumbre paralela en Estambul en la que participaron 13 países vecinos del estratégico país centroasiático, y entre ellos tres del BRIC (China, India y Rusia) además del anfitrión turco. Lo curioso es que tanto la UE como la ONU y hasta la OTAN se adhirieron a la iniciativa.

La apertura de una oficina talibán en Doha debemos interpretarla como la respuesta de la contraparte ante tales cumbres, pese a las muestras de corrección política de varios gobiernos occidentales. Por otra parte, también la *Loya Yirga* aprobó la posibilidad del mantenimiento condicional de soldados norteamericanos en Afganistán después de 2014 (un temor parecido de inestabilidad aconteció en Iraq ante la partida de los soldados norteamericanos).

Aún hoy día, y pese a la inclusión de mujeres en los ministerios afganos, la situación de la mujer afgana es muy difícil, debido a condicionamientos culturales, la inseguridad y la debilidad del Estado que no llega a todas partes. El

18 de septiembre de 2005 se presentaron 20 mujeres a las primeras elecciones legislativas tras la época talibán. Predominaban las mujeres con estudios, pero también una miembro de una tribu nómada, la llamada RAWA (Asociación Revolucionaria de Mujeres Afganas) comenzó su campaña en España durante aquel verano.

Lawrence fue destinado como soldado raso de la RAF durante algunos meses de finales de los años veinte a la zona de Karachi (1926) y luego a la problemática frontera con Afganistán (Maranshah). Pasó un total de tres años en la zona, donde sus ratos libres los dedicaba a preparar una edición de *La Odisea* de Homero. Ciertos acontecimientos y disturbios que un sector de la opinión pública achacó a una nunca comprobada instigación de Lawrence causaron su vuelta inesperada a Inglaterra.

Los BRICS desde el punto de vista de la corrección política pueden ser contemplados como la emancipación del poder del tercer mundo contra la antigua primacía del Occidente, y en concreto como una especie de «contra equilibrio»[150] al poder hegemónico de los Estados Unidos. El encuentro más reciente del grupo fue la cumbre que tuvo lugar el 29 de marzo de 2012 en Nueva Delhi auspiciada por India. En ella se empleó por parte de los participantes el mérmino de «Asociación para la Seguridad, Estabilidad y Prosperidad», lo que implica una cierta prioridad para el concepto militar y de protección conjunta, y no solo económico. Los BRICS son sin duda alguna un gran desafío para la Unión Europea, pues no solo ocupan casi un tercio de la superficie del globo terráqueo, sino que suponen el 25% del PIB total y un 35% de las reservas en divisas del mundo.

---

150. Por emplear el término sugerido por el General de Division del Ejército de Tierra®, Jesús Argumosa Pila, en su estudio del fenómeno BRICS realizado en 2009, cf. «Los Brics, una nueva realidad geopolítica», 17 de mayo de 2012, *CESEDEN,* Madrid.

Ellos mismos están buscando un modelo diferenciador del resto de países del mundo al declarar en la citada cumbre que «somos una plataforma para el diálogo y la cooperación entre el 43% de la población mundial». Una forma de reconfigurar el modelo erosionado de los bloques de la guerra fría. Más que nunca el periodo 1990-2001 fue un hiato en el camino. La IV cumbre tuvo su foco en reformas sobre la economía, con especial detenimiento en el crecimiento continuo de China, y en menor medida algunas cuestiones de macroeconomía de la Sudáfrica del ambicioso presidente Zuma (donde los conflictos étnicos no se han resuelto en absoluto a pesar de la propaganda oficial).

Israel volvió a centrar un cierto interés en las declaraciones, pero quizá debamos ver en las guerras civiles de Libia y Siria las auténticas dianas políticas del encuentro indio. La misma guerra civil libia fue calificada por los participantes como «la intervención occidental». En conclusión, dijeron preferir una Siria sin guerra, una declaración meramente retórica teniendo en cuenta los acontecimientos del verano de 2012 y el largo recuento de víctimas civiles desde la primavera de este año.

9
La pauta constante: revoluciones a favor de la Sagrada Tradición.

E n la coyuntura de 2011-2012 hay dos hechos que pueden ser útiles para interpretar la actual transformación del escenario geopolítico en la ribera sur del Mediterráneo. Primero, el significado *explícito* de la revolución. Es una *revolución popular-democrática* con el objetivo de transformar por completo la estructura política de dominación familiar-militar propia de la guerra fría y la guerra contra el terrorismo. Se trata de una modificación del marco global de las relaciones internacionales de apoyo a la estabilidad social de estos países a cualquier precio, al precio de sostener regímenes autoritarios. Estados Unidos y la Unión Europea deben modificar de inmediato su enfoque unilateral de relación con los países emergentes del entorno. Tendrá consecuencias directas en los tratos de financiación por control fronterizo, en las inversiones multinacionales y en la producción y comercialización de hidrocarburos.

Segundo, el significado *implícito* de la revolución. Es una *revolución a favor de la tradición cultural*, no en contra de la tradición. Los antecedentes históricos de estos cambios —recordemos el nasserismo, el panarabismo, la causa palestina— han sido siempre procesos políticos a favor de la tradición. La tradición es lo único que no cambia, salvo para ajustarse mejor a nuevos contextos: las reglas familiares, el parentesco, la moralidad, la doctrina jurídica, la división sexual del trabajo, etc. La revolución árabe musulmana de 2011 es para modernizar la tradición, no para combatirla, ni mucho menos para destruirla.

Presenciamos una revolución popular-democrática que apenas comienza y que tiene como finalidad central una democratización de la sociedad, a través de la modernización de la tradición. Para lograrlo, debe transformar el sistema político, y luego, desde arriba, promover el cambio del sistema social y cultural.

En ese escenario, presenciamos una alianza estratégica entre las oligarquías locales —por otra parte, transnacionales— y las élites religiosas, para elevarse como poder constituido y actuar en representación del poder constituyente, el propio pueblo. En otras palabras, el pueblo real se encuentra entre la oligarquía económica y las cofradías religiosas. El mismo pueblo está dividido en diferentes clanes, tribus, territorios, ideologías, creencias sectarias. Ninguna facción alcanza el poder total, ninguna posee una visión equilibrada y global del conjunto. En ese contexto, previsiblemente, la élite islámica puede hacerse con las riendas del poder, aliada con los grupos económicos y siempre en nombre del pueblo.

El propio pueblo está atrapado en una dinámica sociocultural de la que no puede librarse: la continuidad del pasado en nombre de la modernidad. El concepto de la tradición en el mundo árabe-musulmán es el resultado de una relación complementaria entre la identidad étnica, conformada por el significado de las comunidades tribales, rurales y urbanas, por un lado, y el poder religioso, en este caso, el poder de las instituciones islámicas, por el otro.

Los regímenes tradicionales son aquellos en los que tanto la estructura del Estado, como la del sistema político y económico en su conjunto, se encuentran en manos de poderosos grupos, dinastías y linajes étnicos que se constituyen como verdaderas hegemonías de apropiación del poder político y económico. El caso de la dinastía gobernante en Siria no es la excepción, es la regla.

En algunos de los países del arco musulmán no existen tribus constituidas como tales, pero, no obstante, el poder real está en manos de sólidos conglomerados de jerarquías dinásticas, reconocibles a partir de linajes consuetudinarios, por lo general depositarios de la fe religiosa y detentadores del control del poder económico.

Ambas dinámicas, la dinástica y la religiosa, convergen en un mismo punto: el control de los recursos públicos o comunes por parte de una élite parental y religiosa que se reproduce y perpetúa en el poder durante siglos en nombre de la sangre, la sagrada tradición, la revolución y la palabra coránica. Esto es lo que denominamos el complejo político militar del Islamismo, un sistema hipercodificado, basto y extensamente ramificado más allá del escenario geográficamente musulmán, que consiste en el ejercicio del monopolio completo del sistema político, social y económico del conjunto de países del Norte de África y el Oriente Medio.

El monopolio político del Islamismo árabe no se resiente en absoluto con la caída de un Mubarak o un Assad, más bien se refuerza. En estos momentos, el Estado libio es mucho más integrista que bajo el dominio de Gadafi; y los miembros del Ejército sirio imponen abiertamente la *sharía* y los tribunales religiosos en los territorios liberados de la opresión. En Egipto, el presidente Morsi tiene igual interés en llevarse bien con Israel, como en redirigir la sociedad hacia la senda de una única ley sagrada para todos y sobre todo, para *todas*. El resultado político directo de la Primavera Árabe, en términos del reparto del poder, es que la élite étnico-religiosa de los países árabes (Ghanuchi, Morsi, Hermanos Musulmanes) ha triunfado sobre la élite política laicista (Ben Alí, Assad, Mubarak).

En este esquema de correlaciones entre verdaderos poderes fácticos —el étnico, el religioso y el geopolítico— el gran perdedor es el propio pueblo de los países del contexto árabe y musulmán. Básicamente, porque los poderes que dicen ser la representación política del pueblo solo representan sus propios intereses de estabilidad hegemónica y crecimiento paulatino. De esta manera, el monopolio político/económico de la élite étnica-religiosa del mundo árabe musulmán asegura que la situación sociopolítica cambie gradualmente para que todo siga igual: tanto en la distribución como en la redistribución de la riqueza.

En esta inmensa región del mundo, la llamada «civilización musulmana», aún no ha entrado el capitalismo en todo el sentido del concepto de integración económica y social. El capitalismo subsidiario en el que se desarrollan estos países es el resultado de tres dinámicas principales: exportación de materias primas, productos agrícolas, mineros y petróleo; mano de obra barata, contingentes de inmigrantes; y el intento hasta ahora infructuoso de construir verdaderos sistemas de producción nacionales (un proceso de industrialización más bien frustrado). En algunos casos, estos países no encajarían dentro del esquema de modernización post revolución industrial del último siglo.

Sin embargo, y esta es la paradoja, se trata de una región con abundantes recursos materiales, energéticos y humanos. Los que están excluidos de esta riqueza son los que la generan cada día con su trabajo y sus esfuerzos. La ansiada transición de la sociedad tradicional a la moderna no sigue ninguna pauta establecida de antemano en las sociedades musulmanas. Por el contrario, los signos muestran una evolución conservadora frente al modelo occidental.

Debemos decirlo claramente: ninguna región del mundo tiene por qué seguir las pautas ni los modelos de Occidente. Efectivamente, el mundo árabe musulmán no avanza hacia Occidente, aunque quizá avanza a la par de Occidente, paralelo a la modernidad del mundo europeo. La civilización árabe musulmana avanza hacia su propio modelo de desarrollo sociocultural, que hemos descrito como un modelo de «modernización de la tradición».

LA CIVILIZACIÓN ÁRABE: ETNICIDAD Y DESARROLLO.

La etnia es la organización social más económica en términos energéticos.

Richard N. Adams.

Árabe y musulmán no son lo mismo: se puede ser árabe étnicamente, usar la lengua árabe, y no ser musulmán sino cristiano. Pero «árabe» y «árabes» tampoco son lo mismo: no es lo mismo ser un bereber arabizado que un árabe sudanés, por poner solo dos ejemplos. El concepto central que organiza la sociedad árabe es el de *etnicidad*: una identidad asumida como propia por múltiples pueblos con Historias diversas, pero al mismo tiempo con grandes similitudes.

La identidad árabe-islámica es el conjunto de todas las versiones existentes de la memoria pública, histórica y social de pueblos con orígenes étnicos diversos, pero unificados bajo una lengua compartida (árabe) y una religión expansiva (Islam). Por este proceso, se relacionan determinados valores y creencias con una identidad lingüística y étnica general que, a su vez, se relacionan con una ley religiosa y moral también general.

El sistema global de la «cultura musulmana» no está completamente cerrado, porque existen segmentos significativos que o bien no se identifican con la clasificación étnica dominante (como los bereberes o los tuareg), con la clasificación lingüística (indonesios) o con la institución religiosa dominante (como los drusos o coptos).

Por su parte, el sistema de costumbres dentro del Islam tampoco es un ámbito completamente cerrado y homogéneo. En Turquía no se acepta la ablación genital femenina que se practica en Malí, por ejemplo, en nombre del Islam, aunque se trata de una práctica preislámica. Sin embargo, y a pesar de estas diferencias, el mundo cultural árabe e islámico no está fragmentado en términos socioculturales a diferencia del mundo cultural occidental.

Es necesario tener en cuenta además que existen pueblos que han sido «arabizados», es decir, integrados en la cultura árabe por procesos históricos dilatados de asimilación sociocultural (Mauritania, pueblos nómadas del Sahel, Egipto, Sudán, entre otros). La palabra «árabe» es una generalización de carácter étnico-lingüística que intenta abarcar a una multitud de pueblos, etnias, tribus y naciones que no tienen necesariamente ni un origen común ni una misma línea de descendencia compartida. Los llamados árabes «puros», supuestos descendientes de Noé, en realidad siguen siendo parte de tribus yemeníes que no hablan precisamente el árabe, sino lenguas semíticas antiguas. Sabemos que no existen ni lenguas ni pueblos puros, muy a pesar del enfoque esencialista de Meinertzhagen o Mckinder, y menos aún en el Oriente Próximo.

Desde el punto de vista de la práctica religiosa tampoco hay una unidad absoluta de criterios. Existen grupos árabes que no son islámicos sino cristianos de diversas sectas e iglesias, así como judíos, y no por ello dejan de ser grupos culturalmente «arabizados», aunque con unas creencias religiosas diferentes a la mayoritaria. La familia libanesa de los Gemayel, por ejemplo, que ha cumplido un papel político relevante en los últimos cien años en este país, puede ser considerada legítimamente como árabe, aunque profesa el credo cristiano del maronismo. De manera peculiar, pero sintomática, también se da el caso de líderes políticos árabes, con creencias claramente musulmanas, como Yasser Arafat, que no obstante cuentan con confesores cristianos y una fuerte inspiración de origen cristiano en su mentalidad religiosa, influencias por otra parte no ocultadas.

Tampoco debemos obviar el hecho de que determinados sectores de influencia judíos están bastante cerca del poder central en algunos países árabes, sobre todo como consejeros reales, o dentro del mundo de las finanzas, aún cuando no sean considerados estrictamente como «árabes». En el caso de Turquía, que no es un país árabe pero sí musulmán, la influencia de los círculos judíos en la política nacional es notoria. De modo similar, la influencia de las iglesias cristianas coptas, maronitas, siríacas y ortodoxas no debe menospreciarse en amplias regiones de Palestina, Israel, Líbano, Egipto, Siria, Kirguistán, Uzbequistán, y Turkmenistán.

Aunque la mayoría de los pueblos árabes son musulmanes, no todos los musulmanes son árabes. Hay que diferenciar entre el Islam como creencia ordenada en la forma de una religión institucionalizada y la cultura islámica, entendida como el conjunto de pautas de comportamiento que están influidas o determinadas en gran medida por las instituciones y las reglas del Islam.

Aquello que se designa como una «sociedad islámica» no tiene porqué tener los mismos rasgos culturales en Malí que en Irán. Del mismo modo, cuando decimos «cultura islámica», debemos poner énfasis en que no implica el mismo significado en sociedades fuertemente tribales, como la yemení, que en sociedades marcadamente urbanas, como muchos emiratos de la propia península arábiga, donde más del 40% de la población está constituida por trabajadores inmigrantes extranjeros.

Una manera eficaz de evitar malentendidos es hacer referencia a *sociedades* con patrones estructurales de organización islámicos (tales como familia, clan, etnia, clase social, género, economía, etc.) y *culturas* con una configuración de sistemas de creencias, pautas de valoración, reglas morales, y comportamientos de origen islámico.

Entendemos la cultura islámica como un sistema integrado de valores (fines) y mandatos morales (deberes) alrededor del imaginario público de la palabra del profeta Mahoma. Desde este punto de vista, la llamada «cultura islámica» no es una unidad absoluta ni está claramente delimitada.

COMUNIDADES TRIBALES:
UNA APROXIMACIÓN GENERAL.

Médula para el Sheij y guerreros; corazón para los religiosos; costado e hígado para las mujeres; riñón a los poetas y cantantes; vientre y cuello a los esclavos; esternón a los herreros; cabeza para los guías; hombro y espaldilla a los ancianos.

Sacrificio del Camello, tribu Erguibat.

El concepto de «tribu» o «tribal» ha tenido un carácter controvertido en la antropología y sociología de los últimos treinta años, principalmente basado en una confusión entre la categoría y sus connotaciones coloniales.

La categoría tribu pasó a interpretarse como una imposición imperialista de la ciencia occidental sobre el resto del mundo, y a partir de ahí se prohibió implícitamente su uso en la terminología oficial de las ciencias sociales. Al cabo del tiempo, la prohibición velada de hacer referencia a las tribus se había extendido hasta el mundo de la corrección política: el gobierno de Estados Unidos negaba categóricamente que existieran tribus en Iraq en el año 2002, previo a la invasión. Los hechos no tardarían en desmentir tal aseveración.

La realidad es que el término de tribu es una herencia occidental, pero también lo es el uso de conceptos como economía, feudalismo, parlamento y sacramento. La palabra tribu significa lisa y llanamente un conjunto de diversos grupos familiares organizados en torno al imaginario de una familia mayor que las engloba a todas.

En otras palabras, para que existan tribus deben existir previamente dos niveles diferentes de organización: bandas o clanes, asociación de varias familias y segmentos, grupos de varias bandas multifamiliares. La tribu no es el conjunto de las familias indiferenciadas, sino el conjunto de los diversos segmentos que agrupan diferentes grupos de bandas o clanes que a su vez agrupan a diferentes familias.

No existen estimaciones precisas de cuánto es el porcentaje de la población que en la actualidad pertenece afirmativamente a una tribu en todo el mundo árabe-musulmán, aunque algunos teóricos como David M. Hart señalan que puede ser del orden del 10% del total de la población global del Norte de África y el Oriente Próximo[151]. Sin embargo, si consideramos que, aunque muchas personas no se reconocen como parte de una tribu, y hasta han perdido su memoria tribal pero viven bajo modelos estructurales de organización social tribal, la cifra de pobladores tribales desde Mauritania hasta Pakistán puede ser mucho mayor de la establecida por los estudios antropológicos.

En algunos países la gran mayoría de la población rural es tanto tribal como marginal respecto a la población urbana y al gobierno central: es el caso de Marruecos, pero igualmente de Libia, Yemen, Jordania, Arabia, Iraq y Afganistán, entre otros. Ya hemos visto el papel destacado de las tribus en la difusión y el triunfo de las revueltas árabes, aún en aquellos países con menor presencia de comunidades tribales como Siria o Egipto.

Una comunidad tribal no es nunca un conjunto homogéneo de personas que piensan y actúan siempre de la misma manera predeterminada. Aunque idealmente se supone que en un régimen tribal no existe propiedad privada de la tierra, en realidad ocurre todo lo contrario: hay signos evidentes de reparto desigual de los recursos entre los miembros de la tribu, sobre todo a partir de la creciente exposición a las influencias occidentales y a los medios tecnológicos y materiales modernos.

Desde el punto de vista de un árabe, beduino, o de un bereber, los conceptos de «familia», «tribu», «raza» y «pueblo» pueden ser sinónimos y, por lo tanto, intercambiables[152].

---

151. Hart, David M., 1997, «Estructuras tribales precoloniales en Marruecos bereber, 1860-1933», *Una reconstrucción etnográfica en perspectiva histórica*, Universidad de Granada.

152. Entrevista al investigador Mohamed El Morabet, de origen *amazigh*, especialista en la agenda política Marroquí-Española. Madrid. 13 de febrero de 2008.

PATRONES TRIBALES
EN LA CULTURA ÁRABE

Las sociedades árabes se caracterizan por un parentesco de linajes endogámicos en los que el hombre joven, si sigue la tradición, se ve impulsado a casarse con la hija del hermano de su padre, es decir, su prima paralela paterna. La base del matrimonio árabe es la expansión del núcleo familiar dentro de los límites del linaje paterno, que es además el que transmite la herencia.

De esta manera, ego (masculino) tiene autorizado y legitimado el expandir su progenie sobre la base de la duplicación de los genes de su abuelo en nuevas ramas paralelas. Salvo con su propia madre, sus hijas, sus tías paterna y materna y las hijas de sus hermanos, el hombre estaría en posibilidad teórica de casarse con cualquier otra mujer de su amplia red familiar.

Esto significa que la cultura árabe, y por correlación las culturas semíticas y mediterráneas del sur, evitaron durante largos siglos el contacto familiar, el matrimonio y la alianza con grupos culturales diferentes. En los mitos fundacionales de los sumerios los propios dioses, creadores de la civilización y la agricultura, son primos y hermanos que se casan entre sí; una tradición endogámica que dejó huellas perceptibles en las sociedades preislámicas en Egipto e Irán. En el caso de Egipto, se practicaba entre la familia real todavía en el siglo III a. C. tal y como recoge la Historia de los faraones filadelfos: «dioses hermanos que se aman mutuamente».

El matrimonio árabe es un poderoso incentivo de sostenimiento del rol y el estatus social; se trata de asegurar no solo la unidad de la tribu, sino además el estatus de las familias: ninguna mujer puede casarse con un hombre de inferior condición social, esto incluye el uso de la esclavitud hasta hace muy poco, así como de sociedades secretas de sangre.

La sociedad árabe está ordenada según principios prácticos milenarios de la organización nómada beduina y, en sentido moral, estas reglas perviven incluso dentro de la modernidad de las urbes contemporáneas, a pesar de que las mujeres puedan en algunos casos vestir con pantalones e ir a la universidad. Las reglas sociales y culturales del mundo árabe se pueden dividir en dos tipos diferentes de códigos: el código tradicional y el código moderno. Las tribus son el ejemplo clásico de manifestación del código de organización social tradicional. Cualquier sociedad árabe en la actualidad cuenta con ambos códigos de interacción social: el tradicional y el moderno.

Según la interpretación clásica de Watt, el Islam surge como una respuesta moral y política a las agudas contradicciones del código tradicional nómada de las tribus, oponiendo la ética individualista de los mercaderes de Hiyaz y La Meca a la ética viril, agresiva y solidaria de los clanes[153]. Sin embargo, Rodinson y Planhol señalan que en realidad el Islamismo fue una integración, más bien prourbana de ambas lógicas: la tribal y la urbana[154]. El hecho es que siempre ha habido tribus más cerca del poder urbano, como los *majzén* en Argelia, Túnez y Marruecos, y otras bastante alejadas, como los nómadas *jamsé* (turcos, persas y árabes) dentro de las confederaciones tribales turcoiraníes.

Nuevas interpretaciones sobre el ascenso político de Mahoma implican reconocer su figura como un líder de carácter mucho más revolucionario que conservador. Históricamente considerado como un dirigente religioso conservador y tradicionalista, los recientes estudios del antropólogo y sociólogo Andrey Korotayev, de la Universidad de Moscú, muestran que en realidad la apuesta política de Mahoma significó un reto a las jefaturas tribales árabes, centradas en rígidas estructuras despóticas, que fueron derrotadas y

---

153. Watt, M. W., 1961, *Muhammad: Prophet and Statesman*, Oxford University Press.
154. Rodinson, M (1957); Planhol, Xavier de (1993).

luego sustituidas por un régimen más liberal de comunidades tribales igualitaristas.

La investigación de Korotayev y sus colegas rusos, señala que Mahoma, lejos de intentar ser el creador de una dinastía de jefes y caciques autoritarios, se esforzó por construir un modelo social unificado en torno a un dios único, pero políticamente diversificado y plural, alrededor de múltiples unidades tribales hermanadas pero sin un mando político centralizado[155].

Esto implicaría además una verdadera transformación social en el Oriente Próximo: contrario a la acumulación del poder económico en manos de la estructura monárquica, Mahoma habría sido el líder de una profunda revolución tribal-religiosa anti-jerárquica, de sentido democratizador, basado en el ideal de la equidad comunitaria, esto dejaría sin justificación ideológica al sistema teocrático de los actuales regímenes monárquicos islámicos del Golfo.

LA INTERCONEXIÓN ENTRE ÉLITES TRIBALES Y ÉLITES URBANAS.

Ninguno de estos logros de Mahoma y sus lugartenientes y seguidores hubiera sido posible sin la existencia de verdaderas élites guerreras en el mundo nómada de Arabia y la Media Luna Fértil. Fueron estas élites las que tomaron el poder en las ciudades, siempre por la fuerza, para luego instalar en ellas su propia dinastía gobernante, en alianza estratégica con las élites proto-capitalistas urbanas.

Durante siglos, una y otra vez, se fue repitiendo la misma escena: jefes nómadas sitian la ciudad, derrotan a la dinas-

---

155. Korotayev, Andrey; Klimenko, Vladimir; Proussakov, Dmitry. 1999. «Origins of Islam: Political-Anthropological and Environmental Context». En: *Acta Orientalia Acadiemiae Scientarum Hung*, vol. 52 (3-4), pp. 243-276.

tía gobernante, la destruyen, generalmente intentan hacerla desparecer por completo y a continuación implantan una nueva dinastía gobernante con el apoyo explícito de las élites económicas urbanas.

Esta tradición de obtención del poder era y es beneficiosa para ambas partes: para la aristocracia urbana, porque siempre conserva el poder real de la comunidad y la nación, y para la élite tribal, porque se reserva el derecho de seguir existiendo al margen del poder urbano y, al mismo tiempo, el derecho de cambiar a los monarcas o presidentes de turno. Poco ha cambiado de entonces a hoy: Gadafi pudo gobernar despóticamente en Libia hasta que las mismas tribus que lo encumbraron decidieron derrocarlo, del mismo modo que ocurrió con Saleh en Yemen. Pero era el escenario repetido incluso desde antes de Mahoma.

Si se estudia con detenimiento el origen de las genealogías monárquicas en el mundo árabe, se puede detectar claramente el origen tribal de casi todas las casas reales, como señala acertadamente Planhol: desde los almorávides hasta los alauí en Marruecos; los hashemitas de Jordania que pertenecen a la misma tribu del profeta, los *Quraish*; los Saud de Arabia Saudí que nunca hubieran consolidado su poder sin la fuerza bélica de las tribus beduinas, incluyendo la mayoría de las dinastías turcas del Oriente Próximo, todas las dinastías iraníes hasta los Pahlavi, los gobiernos del Norte de África, y aún de Afganistán sus reyes proceden siempre de tribus nómadas como los *ghilzai* y los *durrani*, y el actual presidente es *pastún*, tanto como los talibanes.

Para gobernar en el mundo árabe no es suficiente con el apoyo de la élite urbana, se necesitaba además el del ejército, y este tiene entre sus componentes fuertes grupos sociales de orígenes clánicos, tribales y religiosos definidos. No es casualidad que el albanés Mehmet Alí, amo absoluto en Egipto y Sudán en los primeros cincuenta años del siglo XIX, asegurase a su hijo Tusun como general en jefe de los ejércitos de Arabia.

Las luchas entre tribus y, sobre todo, entre las tribus y los poderes urbanos, siempre ha sido un mecanismo político de reparto y distribución de los bienes materiales y la riqueza en el mundo árabe musulmán. Intentar unificar a las tribus en pos de un objetivo común, más allá de las reivindicaciones locales, en vez de oponerlas, es una solución en la que T. E. Lawrence, Meinertzhagen y Wassmuss no hacen más que copiar y repetir la fórmula exitosa de Mahoma. La realidad es que dos mil años después de la expansión de las grandes religiones monoteístas, el mundo árabe sigue inserto en la dinámica correlativa de pueblos agrarios (tribales y sedentarios) frente a pueblos urbanos (completamente sedentarios).

La alternativa nacionalista de los revolucionarios árabes tercermundistas de las décadas del 60 y el 70 no alcanzó a tener suficiente fuerza para capturar completamente la imaginación de las tribus, aunque ha sido una nueva versión de la apuesta de Mahoma. El nacionalismo árabe, en la forma de las actuales naciones, dentro de límites fronterizos precisos, es el producto de los planes imperiales de Francia e Inglaterra entre 1918 y 1922, siguiendo la ruta trazada más de mil años antes por Mahoma.

10
Capitalismo de Familias, Tribus y Ciudades: el eje de la Historia Árabe.

E l primer pensador en captar en toda su profundidad la dinámica histórica que mueve a las sociedades árabes que hemos descrito anteriormente, la dinámica de la contraposición entre el mundo rural y el urbano, fue el brillante filósofo y estadista bereber Ibn Jaldún, que vivió entre Sevilla y El Cairo en el siglo XIV (descubrimiento consignado en su «Muqaddima», Libro Primero, III Sección)[156].

Básicamente, Ibn Jaldún descubrió que en la rotación campo-ciudad estaba el eje sobre el que se construían los regímenes políticos árabes, bajo la siguiente fórmula: alternancia de regímenes urbanos :élites comerciantes, bazares, mezquitas, con posterior desafío y conquista tribal del poder urbano, que a su vez coloca una nueva dinastía en el poder, que termina por volverse sedentaria y completamente urbana, hasta que un nuevo golpe militar devuelve a los nómadas al poder, y así interminablemente...

La tesis de Ibn Jaldún ha sido confirmada por la mayoría de los expertos, estudiosos y eruditos del mundo árabe musulmán de la era moderna (Weulersse, Ehlers, Rodinson, Bobek, Planhol, Hart, Batatu). Como bien ha expresado Claude Lévi-Straus, el Islam ha mantenido su vista fija en

---

156. Poco estudiado en nuestras universidades, Ibn Jaldún es el predecesor de Hegel en la creación de una filosofía de la Historia, del estudio sociológico de las Civilizaciones (siglos antes de Toynbee y Huntington), y de los estudios económicos sobre mercado y formación de capital. Nicholas S. Hopkins ha escrito un buen resumen de su pensamiento en *Engels and Ibn Khaldun* (1990).

una sociedad que era *real* hace unos siete siglos[157]. Nosotros podemos añadir, con todo respeto por Lévi-Strauss: una sociedad que se mueve, cambia y muta siempre dentro de ese tipo de dinámica desde hace por lo menos dos milenios hasta la actualidad.

Hasta este momento, los árabes han sido *habitantes* de sus regiones, pueblos y ciudades, pero no han logrado convertirse en *ciudadanos* con plenos derechos. La pregunta es si la juventud rebelde tiene capacidad de desmantelar y dejar atrás el *capitalismo de familias* que tiene atrapado al sistema político de Oriente Próximo. Mientras el destino de más de la mitad del excedente económico y de los ingresos reales de cada país árabe siga en manos de la oligarquía actual no habrá ningún cambio profundo ni estructural en el mundo árabe.

Hay que plantearse si las comunidades tribales, ajenas al proceso de acaparamiento de poder por parte de las élites urbanas, van a jugar esta vez a favor de la ciudad rentista, como otras veces en el pasado, en contra de sus propios intereses, o se van a decantar por apoyar la revolución modernizadora de la juventud desempleada, por un proyecto nacionalista de capitalismo productivo que redistribuya la riqueza entre todos. Y, sobre todo, ¿puede la élite religiosa del islamismo jugar de mediadora entre unos y otros? ¿Cuál será el papel de los dirigentes islámicos en el poder ante el dilema actual: tradición o modernidad?

Hasta el momento actual, los países que conforman el mundo árabe musulmán no han logrado ni construir sus propios proyectos autónomos de desarrollo económico y social ni controlar sus propias relaciones de producción ni transformar su estructura económica ni mucho menos lograr una adecuada redistribución de los recursos ni de los ingresos. Mientras la revolución política no toque el

---

157. Lévi-Strauss, Claude. 1997. *Tristes Trópicos*. Paidós.

conjunto de estos aspectos, seguirá flotando en el aire la idea de que los cambios del proceso de democratización aún son insuficientes.

EL CONCEPTO DE «COMUNIDAD»: FILIACIÓN, HERMANDAD, VALORES.

Aunque tradicionalmente se considera que las tribus son organizaciones estrictamente étnicas y socioculturales, para el caso del mundo árabe-musulmán también son organizaciones marcadamente políticas. Son exponentes de una cultura política comunitaria de defensa de prácticas y valores consuetudinarios. Los vínculos de reciprocidad y solidaridad social de las comunidades en el mundo árabe pueden ser de tres tipos: tribales, rurales y urbanos.

Las diversas formas en las que se organiza la familia árabe, dependiendo de la tradición local, regional, o de las influencias religiosas, sigue sin embargo un mismo patrón básico de ordenamiento: la estructura de parentesco patrilineal, por regla general, salvo casos concretos matrilineales. Por parentesco entendemos las relaciones de consanguinidad, afinidad, reciprocidad, y correspondencia que tienen entre sí los miembros de un grupo familiar.

En la cultura árabe, estos vínculos incluyen no solo la pareja conyugal y sus mutuas obligaciones y deberes, sino un amplio espectro de parientes tanto de sangre como simbólicos: abuelos, padres, hijos, hermanos, tíos, primos, padrinos o protectores religiosos.

No existen familias árabes en abstracto, separadas de los condicionantes económicos y sociales, que determinan no solo el tipo y grado de alianza sino también el número de hijos, el uso de los espacios habitacionales y de la capacidad de movilidad, los tiempos de ocio y de cuidado de los niños, el grado o no de escolarización de los mismos, la relación con otros parientes cercanos y lejanos, la utilización de medios tecnológicos modernos o el nivel de conexión con las realidades digitales y tecnológicas actuales.

En la cultura árabe, como en los sistemas culturales arabizados, detectamos la presencia de familias extendidas y compuestas que incluyen dentro de su seno a parientes lejanos como a no parientes en el sentido de lazos sanguíneos, pero que son considerados como parte de la familia por otro tipo de lazos y contratos. En este tipo de familia, son muy marcadas las relaciones de ascendencia, el influjo de abuelos y padres, tanto consanguíneos como simbólicos, colaterales, de hecho, la relación colateral entre primos es la base del sistema, aunque el hombre puede tener varias mujeres y de descendencia que incluye los propios hijos, así como nueras, yernos, sobrinos y nietos/as.

Dentro de la familia se incluyen a menudo a parientes no biológicos, como hijos adoptados, amigos, compañeros de trabajo, protegidos, trabajadores domésticos y sus respectivas familias, ahijados, desempleados cercanos o colaboradores del jefe de la familia, clientes, etc., entre otros.

Hasta el advenimiento del Islam, la propiedad de los medios y de la tierra estaba más o menos distribuida entre toda la tribu, aunque los poderes ejecutivos estaban parcialmente controlados por el jefe familiar. El Islam supuso una aguda transformación en el régimen de propiedad de la tierra, que pasó de ser más o menos común o más bien comunitaria a dar paso a la propiedad privada de personas jurídicas individuales. La dualidad campesinos y nómadas, se mantuvo más o menos estable, pero dentro de una nueva forma de propiedad. Del mismo modo, otra característica que se mantiene con la irrupción del Islam es la preponderancia política de los vínculos tribales sobre los lazos de la alianza matrimonial, en una relación que podemos resumir en una fórmula:

Por tanto, es necesario hablar de un *Principio de preponderancia comunitaria*. En un conflicto entre matrimonio y comunidad, siempre prevalecen los intereses de la comunidad.

¿Se sienten los árabes que viven en diversos países, y aún los hablantes del árabe, como parte integrante de una misma cultura general? A este respecto, Joseph Chelhod ha expresado que los pueblos árabes son individualistas sin individualidad y tradicionalistas sin tradición. Un viejo proverbio árabe reza: «Yo contra mi hermano; mi hermano y yo contra mi primo; mi hermano, mi primo y yo, contra el resto del mundo».

¿Existe, en términos sociológicos, una cultura árabe común y extensible a múltiples países de diversas zonas geográficas, continentales, climáticas, con múltiples formas sociales y amplia diversidad étnica, religiosa y política? La respuesta a estas preguntas debe tener en cuenta una serie de factores que es difícil reducir a un único esquema: diversidad de lenguas y dialectos; multiplicidad de sectas religiosas dentro del propio Islam, y de religiones no islámicas —minoritarias, pero no insignificantes—; países con una historia reciente de Estados nacionales, como Siria o Egipto, frente a otros que a duras penas logran unificar a sus diversos estamentos tribales y regionales, como Yemen o Libia; desigualdad en nivel de renta y condiciones de vida entre zonas rurales y urbanas, o entre países petroleros y países semidesérticos de clima mediterráneo que perviven del cultivo y la ganadería.

No hay una unidad cultural árabe, homogénea y completa, a nivel transcultural, pero sí una creciente tendencia a transnacionalizar la cultura árabe como un símbolo de identidad regional y civilizacional frente a Occidente. Tampoco hay una sola cultura árabe, sino múltiples formas de ser árabe, desde la lengua hasta los apellidos, así como otras tantas subculturas, muy influidas por la industria cultural occidental —ya sea de origen francés o norteamericana, o ambas a la vez, como en Líbano o en Marruecos— y por las versiones del islamismo popular que provienen de Arabia Saudí o de Qatar.

Aquello que sí existe con suficiente fuerza en países tan disímiles como Túnez, Argelia, Jordania, Iraq y, más allá del ámbito árabe, en Turquía y Afganistán, es una cultura comunitaria sólida, con algunos rasgos modernizadores, pero fundamentalmente conservadora y tradicional.

EL CASO DE AL YAZIRA: VÍNCULO ENTRE TRADICIÓN Y MODERNIDAD.

En este sentido, las nuevas técnicas modernas se utilizan siempre a favor de la transmisión de los valores tradicionales: es el caso paradigmático de Al Yazira. Aún no se ha realizado un estudio en profundidad de la relevancia de Al Yazira como medio de transmisión de la cultura musulmana y árabe de masas con el propósito de difundir y universalizar el sistema de creencias, actitudes y valores de la cultura islámica transnacional.

Al Yazira es un conjunto de canales de Internet y televisión por satélite fundada en 1996, propiedad de «Qatar Media Corporation», es decir, la familia real de Qatar (Sheij Hamad bin Jalifa Al Zani), un gigante de las comunicaciones con una audiencia de millones de seguidores desde Rabat hasta Malasia pero también en la Unión Europea y Estados Unidos.

A diferencia de los medios occidentales, que privilegian los mensajes descontextualizados, fundamentalmente, desligados de referentes axiológicos centrales de la tradición moderna, Al Yazira realiza una profunda política de divulgación cultural a nivel social que privilegia, sobre todos los aspectos posibles, la difusión de la unidad cultural de todos los pueblos árabes y musulmanes.

El mensaje implícito de Al Yazira parece ser: «formamos parte de una misma gran nación, dividida en diversos Estados, con una misma lengua o lenguas hermanas (el caso de Pakistán), unos códigos de valores comunes, una moral comunitaria y unos ideales religiosos y éticos compartidos». Lo realmente significativo de este mensaje subliminal es que se realiza en nombre de valores claramente modernos: la autonomía, los derechos humanos, la igualdad entre hombres y mujeres, los derechos de la infancia, el cuidado del medio ambiente, entre otros. A diferencia de la BBC o de ABC News, por ejemplo, Al Yazira privilegia en su línea editorial la socialización continua del contenido de las noticias, es decir, la contextualización de los mensajes dentro del patrón cultural dominante.

Esta estrategia de comunicación ideológica permite la unificación de todo el espectro informativo, de análisis de las noticias y de la programación cultural, dentro de un punto de vista integrado de política, sociedad y cultura. El reto de los políticos que lideran estos países es más o menos el mismo desde la época descolonizadora de los años 50: cómo integrar la institución política con la institución sociocultural.

El problema que se percibe en los medios occidentales es su persistencia en emitir mensajes, noticias y análisis *desgajados de la moral comunitaria*: ningún medio árabe o islámico se puede permitir el lujo de emitir contenidos mínimos de violencia, sexo o corrupción de manera descontextualizada o des-socializada. Básicamente, porque el concepto de «libertad de expresión», si es que existe institucionalmente, no cobija de ninguna manera aquellos significados que entran de lleno en la esfera de la moral comunitaria y de los valores éticos socialmente compartidos. Ni siquiera la lucha de Al Yazira por fomentar los derechos de las mujeres árabes puede hacerse por fuera de la moral religiosa islámica. Sin quebrar los límites de la sociedad tradicional, sino más bien reforzándolos, Al Yazira ha contribuido a la caída de los déspotas nacionalistas tanto o más que las bombas de la OTAN en Libia o que el activismo de los Hermanos Musulmanes en Túnez y Egipto.

EL CONSENSO ENTRECRUZADO: ETNICIDAD Y RELIGIÓN.

La «tradición» árabe, afincada en valores considerados *sagrados*, como señala Scott Atran, se interpreta desde diversos ángulos, dependiendo de si la lectura la realiza una mujer en un acto de consciencia ética (como Fátima Mernissi, por ejemplo), que si la realiza un joven desempleado que se inmola en Marraquesh, o es enunciada por un obrero del puerto de Alejandría o un inmigrante bereber en Marsella. Aunque los valores tienen carácter de sacralidad, cada cual entiende algo diferente por tradición, según su punto particular de vista, sus lazos sociales, sus vínculos comunitarios, su posición en el espacio/tiempo.

Sin embargo, es posible definir qué entendemos por la tradición de los pueblos árabes si nos centramos tan solo en dos dimensiones específicas: la étnica y la religiosa. La tradición étnica es una construcción histórica de un con-glomerado de clanes familiares que, o bien han avanzado hasta constituirse como tribus, o bien se han urbanizado por completo hasta el punto de diluir su identidad tribal original. La tradición religiosa es una superposición también histórica que se edifica sobre el estrato étnico anterior con el objetivo de dotar de una ideología unificada a los distintos conglomerados familiares, y de esa forma asumir la identidad de diversos pueblos dentro del concepto de Nación del Islam.

Cuando ambas tradiciones se cruzan, la étnica (sociocultural) y la religiosa (trascendente y moral), a mediados del siglo VII en La Meca, comienza un proceso de transformación de la identidad comunitaria que sigue siendo familiar, pero que ahora se edifica bajo la denominación de una familia mayor y universal, la *umma*, macrocomunidad de creyentes. El Islam, como en su momento lo fue el primer cristianismo, el de los evangelios oficiales, es una ideología religiosa cuya doctrina social es profundamente conservadora y puritana, en realidad se basa en una aguda prédica moral que pretende reafirmar la ley patriarcal, no suprimirla en ningún caso.

Por esta razón la identidad étnica árabe y la doctrina del puritanismo islámico lograron casar entre sí de manera tan efectiva, hecho que queda patentemente demostrado con la toma del poder islamista en Túnez, Libia y Egipto, y casi con toda seguridad en Siria, tras la caída de los dictadores laicistas. Los fundamentos finales de la sociedad nunca fueron tocados en las revueltas de 2011, es decir, el mantenimiento de la hegemonía política y económica de la sociedad patriarcal, y en gran medida, se reforzó el macro proyecto milenario de un genial estadista político llamado Mahoma.

Por esta razón, afirmamos que la llamada «Primavera Árabe» es una reedición del contrato social árabe entre las élites étnicas y las élites religiosas, una estrategia política de dominación inventada por Mahoma, retomada por los imperialismos europeos con menor o mayor suerte, de la mano de aventureros como Lawrence, Meintzerhagen y Wassmuss y retomada por la nueva dirigencia islamista en el poder a partir de 2011: nada nuevo si lo vemos en la perspectiva de una filosofía de la Historia al estilo de Ibn Jaldún.

Este fue uno de los elementos que conllevó al fracaso del proyecto nacionalista de Yamal Abdel Nasser en Egipto, a pesar de sus avances desarrollistas (nacionalización del canal, represa de Asuán, unión política con Siria y Yemen, reforma agraria), ya que socialismo y tradición árabe no encajaron ni siquiera medianamente; o el fracaso del partido Baaz en Siria e Iraq, cuya prédica laicista y social-populista solo se pudo imponer sobre la sociedad con el uso de la fuerza militar y altas cuotas de represión ciudadana por parte de la seguridad del Estado.

Un pueblo no es nunca aquello que sus élites dirigentes quieren que sea por obra y mandato de una ideología, una doctrina o una camisa de fuerza. Las naciones árabes, en cualquiera de sus estratos populares, siempre han estado al margen de las discusiones entre capitalismo y socialismo, porque de hecho nunca han sido realmente capitalistas y socialistas mucho menos. Los grandes discursos panarabistas centrados en conceptos de la guerra fría como socialismo, nacionalsindicalismo, populismo o partido único, no pudieron permanecer por más que sus abanderados utilizaron todo el poder del Estado represor en convertir a las masas a su credo nacionalista laico.

Nuestra intuición es que en medio de este panorama es posible extraer lecciones o ejemplos válidos para un análisis crítico de la realidad. La principal evidencia es que ninguno de los cambios sociales y culturales que han experimentado los pueblos árabes desde antes del monoteísmo islámico ha logrado modificar la estructura profunda de la tradición étnica y sociocultural.

Si algo nos muestran los acontecimientos de 2011-2012 en Argelia, Marruecos, Túnez, Egipto, Libia, Yemen, Jordania, Bahréin, Siria y Omán, entre otros países, es que los regímenes que no logran conciliar efectivamente las dinámicas étnicas y las religiosas no pueden sustentarse en un consenso político válido y legítimo, y terminan por caer en la fractura social y en su posterior hundimiento.

La juventud árabe se remueve con fuerza en esta Primavera Árabe, intentando superar el viejo modelo de dominación de los nombres sagrados y las familias hegemónicas. No sabemos si este cambio profundo de estructura logrará afianzarse, pero al menos es posible. Mientras la sagrada tradición siga siendo el elemento unificador entre familias, etnias y sectas religiosas, cualquier cambio político y económico no será más que un cambio de formas, no una verdadera transformación de contenidos.

El analista Jerónimo Paéz, experto en el mundo árabe-musulmán, lo ha expresado de manera magistral:

> El problema no radica en las interpretaciones que podemos derivar de los textos sagrados del Islam, que las hay para todos los gustos, sino en su evolución histórica. No se produjo una clara separación de los ámbitos temporal y

espiritual ni división entre los poderes legislativo, ejecutivo y judicial, necesaria para asegurar las libertades y controlar el despotismo de los gobernantes. Tampoco se consolidó una burguesía comercial que impusiera sus valores y estableciera las bases para la creación de la riqueza. No hay una institución jerarquizada que pueda definir la ortodoxia. Lo que ha configurado durante siglos la evolución política del mundo musulmán ha sido la sharía, ese complejo mundo de prescripciones religiosas que se derivan del Corán y de la vida y hechos del Profeta, elaboradas decenas de años después y muchas de las cuales son incompatibles con los derechos humanos[158].

158. Páez, Jerónimo. (2004).

11
Migraciones Árabes:
la comunidad transnacional.

S i algún colectivo humano ha estado expuesto en el último medio siglo a un *boom* migratorio intenso ha sido precisamente el mundo árabe musulmán. Este boom debe entenderse a partir de tres elementos centrales que configuran el panorama migratorio a nivel internacional, con una influencia notoria en los flujos migratorios del Mediterráneo:

a) GLOBALIZACIÓN: exportación/importación de mano de obra como si fuera «otra» mercancía más.

b) IDENTIDADES LOCALES: la reproducción del capitalismo exige producción precapitalista donde no se genera ganancia monetaria para el trabajador. Coexistencia de ambas formas: capitalista y precapitalista. Espacios precapitalistas: domésticos, familiares, tribales y comunales.

c) CRISIS ECONÓMICA DEL MUNDO RURAL: los productores nacionales se ven desbordados por los precios del libre mercado, hecho que acentúa el desplazamiento de la mano de obra al Norte. Un círculo vicioso que no se logra resolver en las sucesivas Rondas de Doha.

Este punto, crisis del mundo rural, es el verdadero comienzo de la deriva migratoria en el contexto del sur del Mediterráneo. La cuenca mediterránea es parte no formal de la Unión Europea, por su situación de dependencia del mercado del Norte. Marruecos, Argelia, Túnez y Egipto, son parte indiscutible de la lógica del mercado europeo. Las pequeñas y medianas empresas de estos países se desestructuraron por completo tras los Acuerdos de Barcelona de 1995, que implicaban la apertura de comercio, el libre

cambio y la llegada masiva de los productos europeos. Pero,
a cambio, la gente del Sur no puede emigrar libremente, tal
y como señala Sami Nair. El proceso de Barcelona es un
fracaso para los países que lo adoptaron en el Magreb: la
esperanza era la integración con la economía de los países
del Sur de Europa, pronto defraudada.

El flujo migratorio Sur-Norte puede paralizarse temporal-
mente a raíz de la actual crisis económica en la UE, pero
no va a desaparecer; al contrario, es probable que en los
próximos años se incremente.

Gracias a los estudios contemporáneos de las migraciones mediterráneas sabemos que los inmigrantes árabes que
se establecen en Europa reconstruyen en alguna medida su
imaginario tradicional de origen, como una estrategia para
poder sobrevivir y no naufragar en el estadio de la anomia
entendida como ausencia absoluta de valores.

12

El Imperio dividido: la pugna entre suníes y chiíes.

L a división en el mundo musulmán entre chiíes y suníes es de gran importancia, aunque es frecuentemente ignorada en los planteamientos y análisis geopolíticos realizados en Occidente, lo que contribuye al diseño erróneo de posicionamientos en las relaciones internacionales. En esta confrontación religiosa-política que se ha originado desde los principios de la Historia del mundo musulmán, Siria juega un papel significativo que se conserva hoy en día. También es verdad que con frecuencia esta confrontación se suele negar con la afirmación: «Todos somos musulmanes».

Siria está situada en el extremo Oeste del paralelepípedo chií en la costa del Mediterráneo. El paralelepípedo chií se extiende a lo largo de Líbano, Siria, Sur de Iraq, Norte del Golfo e Irán. Este es el territorio con mayor concentración de población musulmana que profesa el credo chií. A excepción de Irán, Iraq y Bahréin, en los demás países del paralelepípedo la población chií es minoritaria. En el paralelepipedo chií, Siria cumple un papel de pivote esencial para fundamentar el papel de los intereses chiíes en la región. Aunque el gobierno sirio no es estrictamente chií sino «alauí», una rama influenciada por la Chía, estas facciones religiosas musulmanas están muy próximas y la alianza Siria-Irán es clave en la fortaleza que este paralelepípedo ha adquirido en los pasados años.

La llamada «revolución de los ayatolás» de 1979 despertó en los dirigentes iraníes la ambición de extender su poder por medio de la expansión de sus instituciones religiosas. Esta política pronto se manifestó ineficaz por lo que se buscaron otros medios para la creación de un círculo chií que le sirviera de zona de influencia y de defensa. En este objetivo le sirvió de apoyo, sin duda, la invasión de Iraq de 2003, cuyo resultado fue el cambio en el control del poder en el país mesopotámico, pasando de la facción suní a la facción chií. Este hecho, junto al apoyo iraní a los movimientos de Hizbolá y Hamás, fortaleció sin duda el poder chií en la zona del paralepípedo. A esto hay que añadir el desafío iraní a Occidente con su política nuclear y la percepción de la presunta pérdida de poder de EE. UU. en la zona.

Hay que añadir otro factor y es el hecho del Despertar Árabe. El núcleo duro suní, cuyo representante más importante es Arabia Saudí, percibe el apoyo al presunto «Despertar árabe» por parte de EE. UU. como una ruptura del pacto de seguridad que desde el final de la II Guerra Mundial ha existido entre ambos países. A pesar de que EE. UU. no objeta el comportamiento de saudíes y qataríes en Bahréin, el hecho es que el Golfo ha perdido gran parte de la confianza en Washington ante su relación con Mubarak, aliado incondicional de EE. UU. durante décadas. Es sin duda una prueba palpable que para EE. UU. no existen aliados permanentes.

La Administración demócrata de Barak Obama ha puesto sus intereses en la introducción de la democracia en el mundo árabe, una estrategia muy estimulada por la postura de Hillary Clinton, aunque esto signifique la introducción en el poder de los movimientos islamistas que han sustentado la oposición a todos los regímenes autocráticos del mundo árabe durante las últimas décadas.

Si admitimos esta hipótesis de disminución de la preocupación de Washington por el Oriente Próximo, incluso podríamos decir por el «Oriente Próximo Ampliado», y un deslizamiento hacia Asia, es lógico pensar que el mundo chií pretenda fortalecerse como poder regional. Pero también que EE. UU. y Occidente, antes de deslizarse hacia Asia, opten por restablecer un nuevo *status quo* en la zona. En este juego, Siria es pieza básica en la estrategia de aislamiento y debilitamiento de Irán. Las sanciones económicas son uno de los instrumentos utilizados.

Rusia y China se oponen, ya que ven una intromisión en asuntos internos, aunque dicho a la manera de la Secretaria de Estado Clinton: una intromisión de las democracias en los asuntos de las autocracias. Siendo los gobiernos de China y (en cierto modo, según una corriente politológica) Rusia verdaderas autocracias, la actitud del Occidente democrático se interpreta por su parte como una amenaza hacia sus gobiernos en un futuro no lejano. La utilización de las ONG es una prueba de ello.

Otra pieza en la estrategia de aislamiento y debilitamiento es sin duda Siria. Siria es la aliada incondicional e imprescindible para la ambición de hegemonías territoriales iraníes. Dada su posición geográfica, su cercanía «al enemigo israelí» y a la península, su valor geoestratégico es de gran importancia. Es por ello por lo que la estrategia internacional norteamericana va dirigida al apoyo de la oposición al régimen de al-Assad. Podríamos decir que Bashir al-Assad ha perdido lo poco que quedaba de su legitimidad dentro de la perspectiva global de la política exterior norteamericana.

La posición de la Liga Árabe con clave suní y la intervención con justificación humanitaria es un punto sin retorno: la continuidad del régimen de la *Surya al-Assad* (nombre predilecto del régimen en su propaganda interna) se hace prácticamente imposible. Difícil predecir el futuro a corto plazo, pero cabe la posibilidad de que a largo plazo el despertar árabe abrirá el camino no a regímenes participativos, pero sí a la llamada *democracia musulmana* (como gustan algunos analistas de llamar a la vía abierta por el régimen propio del AKP turco), es decir, a regímenes donde la participación ciudadana y el respeto a los derechos humanos sean parcialmente respetados.

A corto plazo, el camino hacia esta *democracia musulmana* es más incierto. Este periodo breve de tiempo está en manos del entendimiento entre el islamismo moderado, el movimiento árabe liberal, los restos de las antiguas élites en el poder y, por supuesto, del ejército, y depende de si son capaces de entenderse y enfrentarse al islamismo radical, que en ocasiones tiene el apoyo financiero indirecto saudí, como en el caso de los salafistas egipcios y del wahabismo en general.

Si la pérdida de Siria como aliado incondicional se materializa, Irán se verá obligado a un cambio en su política que tendría que ser más acomodaticia a los intereses de sus vecinos. Si a este escenario le sigue una evolución positiva de la democratización de Egipto, el paralelepípedo chií perderá potencial geopolítico en la región. En el mapa del mundo turco-árabe aparecerán dos pilares suníes: Turquía y Egipto, ambos con potencial demográfico, económico, militar y político, asentados sobre regímenes de la llamada *democracia musulmana*, con suficiente fuerza política para estabilizar el área.

Un entendimiento entre ambas naciones, Turquía y Egipto, podría establecer una especialización del trabajo compartido en beneficio de la estabilidad. Turquía hacia su zona cultural de Asia Central, Egipto hacia la suya en el mundo Árabe, tendrían que establecer una hoja de ruta de transición de las monarquías árabes hacia la democratización, hecho que se podría dar más lentamente debido a la legitimación de éstas entre sus sociedades. Este escenario facilitaría sin duda el crecimiento económico del mundo árabe, aprovechando sus ventajas geoeconómicas de proximidad a los mercados Euroasiáticos-UE, Rusia, Asia y de los mercados emergentes africanos.

En la actualidad, la cuenca árabe mediterránea tiene una de las tasas más bajas de exportaciones en el mundo: 3,5%; los países europeos exportan seis veces más. El sociólogo argelino Sami Naïr lo define de esta manera:

> Económicamente dependemos en un 80% de la UE y padecemos de un déficit en inversiones. Solo atraemos a un 2% de las inversiones directas extranjeras.

Occidente basa su análisis en la hipótesis de la fría racionalidad instrumental de los actores sociopolíticos y, dentro de él, la motivación económica es prioritaria, los resultados en el análisis occidental siempre se realizan bajo las pautas del Rational Choice anglosajón. El mundo árabe-turco-persa razona estas cuestiones teniendo en cuenta motivaciones no únicamente racionales estratégicas en términos weberianos, la espiritualidad y religiosidad son prioritarias —cuando en Occidente se las ignora o se sustituye por principios laicos de libertad— los factores materiales quedan a veces en segunda línea.

Este hecho implica un cambio en el juego de las lealtades: es necesario tener en cuenta el imaginario étnico-religioso de los pueblos árabes y turco-iranios. El Estado-Nación es un concepto implantado por Occidente al resto de las civilizaciones. Este concepto da origen a un sentimiento nacionalista, que no encaja necesariamente en la religión musulmana con el concepto de comunidad, la *umma*, peregrinación y hermandad musulmana y toda una serie de sentimientos que afloran de manera espontánea en cualquier conflicto de la zona, disparándose en todas direcciones, con lo que se complica tanto el entendimiento de las causas del conflicto como su resolución.

Superpuesto a esta estructura de sentimientos religiosos existe una marcada segmentación tribal de tipo patriarcal, donde las lealtades están atadas a una descendencia común y donde familia, clan, tribu y pacto de honor se interrelacionan con fuertes motivaciones y condiciones de comportamiento. No es fácil adentrarse en este mundo por falta de información para el occidental medio y porque la dinámica social hace difícil mantener información de una situación expuesta a continuos cambios.

No obstante, conflictos como los de Libia y Yemen nos dan una buena prueba de la importancia de estas estructuras en el conflicto, alineamientos de alianzas y la inestabilidad de estas que buscan el apoyo exterior aprovechando las coincidencias de los intereses. Sin olvidar que la localización de estos actores, en un territorio con distintos valores geopolíticos y geoeconómicos, ya sean tribus, clanes, etnias o facciones religiosas, les da grandes ventajas que tratan de ser aprovechadas por los actores extranjeros.

Por lo general, Occidente rechaza, sin el menor deseo de análisis, el comportamiento de estos pueblos sin detenerse a pensar que en la UE son nuestros vecinos inmediatos del Sur, y que conforman una periferia que recorre toda la frontera Sur de Eurasia.

La experiencia muestra que el enfrentamiento entre chiíes y suníes es una construcción interesada de los poderes hegemónicos regionales en el ámbito árabe musulmán, con dos centros fundamentales: Irán (Chií) y Arabia Saudí (Suní). Por esta razón Irán no deja caer a los alauíes sirios, y por la misma causa, pero en sentido contrario, la monarquía de los Saud apoyó a Sadam Hussein en Iraq contra la mayoría chií, como ahora ha disuelto la revuelta popular en Bahréin alentando el odio sectario entre las comunidades suníes y chiíes.

En la actualidad son los miembros de las comunidades chiíes las víctimas principales de los atentados terroristas en Iraq y en Afganistán. El enfrentamiento construido entre ambas facciones religiosas esconde el juego regional por el poder y el control del monopolio político y económico del mundo árabe musulmán, y de Asia Central por extensión.

Es un juego muy peligroso, porque consiste en exacerbar los odios y los conflictos interétnicos e interreligiosos para propiciar cambios o permanencia de regímenes —según les convenga a estos— y justificar así la injerencia en asuntos de otros países. En cualquier caso, el poder de la élite patrilineal, descendiente, en términos míticos, del profeta Mahoma, urbana, rentística que vive del expolio de los hidrocarburos y de la mano de obra empobrecida, y transnacional, no cambia nunca sino que se perpetúa.

Hasta ahora presenciamos un traspaso de élites al interior de las propias oligarquías árabes, pero no una modificación profunda del marco de las relaciones políticas, ni mucho menos de las relaciones de producción ni de redistribución de la riqueza. En el mundo árabe las perspectivas a un futuro cercano no son muy esperanzadoras.

13

Consideraciones finales: continuidad y revolución en el mundo árabe e islámico.

Detectamos tres niveles de *explicación* de los actuales acontecimientos desembocados por el despertar árabe de 2011-2012:

1. NIVEL MEDIÁTICO: el típico discurso de los medios de comunicación occidentales, sobre todo franceses, en la lógica del *mainstream*: la Primavera Árabe como la lucha del pobre pueblo oprimido contra los malvados tiranos que desangran sus países (por ejemplo el caso del filósofo argelino-sefardí Bernard Henry-Levy, ideólogo de la intervención de la OTAN en Libia, y sus múltiples imitadores españoles).

2. NIVEL GEOPOLÍTICO: lucha entre dos versiones enfrentadas del Islam: sunismo vs. chiísmo. Teoría de analistas políticos mejor informados, como Ramin Jahanbegloo, que analiza la estrategia de posiciones de las potencias occidentales, así como de Irán, Siria, Iraq, Arabia Saudí y Turquía.

3. NIVEL ANALÍTICO/CIENTÍFICO: la Primavera Árabe como un conjunto de *revueltas* populares más que una *revolución*, con claros orígenes sociales; una lucha aprovechada por las élites étnicas/religiosas para modernizar la tradición, pero reforzándola a su favor para mantener la estabilidad de la sociedad tribal, estamentaria y musulmana[159].

159. Recomendamos el estudio de: Gutiérrez de Terán, Ignacio; Álvarez-Ossorio, Ignacio; Hamad, Leila; Lampridi-Kemou, Athina; Martínez,

Las sociedades árabes e islámicas no aceptan la trivialización ni mucho menos la renuncia al principio central de la sagrada tradición sociocultural: las leyes morales, la creencia religiosa, los sistemas de parentesco y consanguinidad. La unidad que brinda un solo principio de cohesión del imaginario público permite que sobreviva la élite gobernante, pero también que se proyecten soluciones comunes a los antiquísimos problemas de desigualdad y pobreza.

Es una realidad que históricamente se ha temido más a los peligros de la atomización y la anomia social que al aumento progresivo de las desigualdades. Actualmente, ambas demandas vienen juntas: reducción de la desigualdad y la inequidad social, y aumento de la cohesión y la unidad social. En estos dos puntos se resume el ideario de las revueltas árabes de 2011-2012: lucha contra la exclusión social en medio de la lucha por la reafirmación de la unidad social.

En cierto modo asistimos de nuevo al enfrentamiento entre los pueblos marítimos de la sunna y los pueblos continentales de la Chia. La confrontación Árabe-Iraní de hoy no solo crea un enfrentamiento histórico étnico, sino también sectario interreligioso. La mayoría —alrededor del 90%— de los árabes son suníes, Irán es el único país populoso con mayoría chií, cerca del 95% de su población. Son los árabes suníes de la península arábiga los que se sienten amenazados por la concentración chií en el territorio suní de la península Arábiga, cuna de sus creencias. Más aún cuando el chiísmo es percibido como herejía por los wahabís saudíes.

La reacción de la Liga árabe es lógica con esta línea de razonamiento, con su presión sobre la *Surya al-Assad* para que abandone el poder; dentro de la confrontación suní frente al chiísmo iraní. La caída del aliado al-Assad será un

Guadalupe; Mesa, Luis; Ruiz de Elvira, Laura. 2011. *Informe sobre las Revueltas Árabes*. Ediciones del Oriente y del Mediterráneo. Madrid.

duro golpe para la ambición hegemónica chií en la región y rompería el corredor chií hacia el Mediterráneo, privando al chiísmo del acceso a sus costas. Siria volverá al control cultural del paralelepípedo de la *Sunna*, y los aliados de la Costa Mediterránea, Hizbolá y Hamas tendrán que buscar otros patrocinadores[160].

Durante el 2012 se han venido produciendo algunos cambios de «maquillaje» en el entorno de Hamás. El líder del grupo, ligado a los Hermanos Musulmanes, Jaled Meshal, indica que aceptaría una Palestina con fronteras anteriores a las de 1967. Es decir que se adoptaba oficialmente un tono conciliador hacia Israel y se desmarca de la línea dura del Hamás de Gaza.

Incluso Israel piensa que podrá salir beneficiado, aunque no ha variado su discurso hacia Hamás, amenazando con futuras acciones bélicas; un tanto ingenuamente porque Hamás goza en el mundo árabe de mayor prestigio que el titubeante y ambiguo al-Fatah de la actualidad. Hamás tiene además actualmente relaciones estables y positivas con Bahréin, Egipto, Jordania, Túnez, Turquía y Qatar.

Es lógico que los líderes iraníes actuando bajo la actual presión cometan errores tan aparentemente absurdos para la mentalidad occidental como la amenaza del cierre del Estrecho de Ormuz, en realidad responde a la vieja táctica *farsi* de ganar tiempo al tiempo. Desde la Primera Guerra del Golfo, los presidentes estadounidenses han advertido que el cierre de Ormuz es *causus belli*.

La *sunna* vería esta decisión iraní como una justificación de librarse de la amenaza chií, reforzada externamente por la política nuclear iraní. No solo es la península arábiga la que quiere frenar la penetración chií, sino también Turquía, país mayoritariamente suní, aunque con un porcentaje su-

---

160. Irán interrumpió oficialmente las donaciones a Hamás en julio de 2011, en vista de que la dirección de esta organización se negó a participar en actos de apoyo al régimen de al-Assad.

perior al 1/5 de alevíes, la versión local alauí, y otras confesiones, quien después de intentar negociaciones con el chiísmo, en concreto con Siria e Irán, ha decidido enfrentarse al gobierno de al-Assad, como base de una política de protección suní, para ampliar los lazos con la *sunna* de la que es miembro no árabe. Esta posición llevaría a un posible pacto árabe-turco frente a Irán. Este pacto puede verse favorecido por la dinámica del Despertar Árabe que ve en Turquía un modelo a seguir en la supuesta transición democrática.

Turquía, desde la llegada al poder de Atatürk (1919), ha ido siempre por delante sirviendo de modelo al proceso de modernización de los países musulmanes y, en concreto, de las naciones árabes. La introducción de la república laica, la industrialización, la subida al poder del partido Islamista es una buena prueba de que el modelo turco es de viable aplicación al mundo árabe con los retoques culturales pertinentes. Occidente optaría por apoyar a Turquía en esta labor, y Turquía podría ser ayudada también por Egipto una vez este país consolidara su proceso de transición democrática.

Un acuerdo suní turco-árabe podría ser visto como un fuerte anclaje para la estabilidad de Oriente Próximo, siempre y cuando esto no implicara exacerbar hasta los límites de la violencia sectaria las diferencias interétnicas y religiosas de una región ya de por sí convulsa y en estado de transformación política. A diferencia de la relación de Occidente con los dictadores pre-Despertar, ahora la política humanitaria, posicionamiento ético, intereses de Estado y ventajas geopolíticas se mueven en la misma dirección en el caso sirio, de aquí el fuerte respaldo que se le está dando a la Liga Árabe.

El único obstáculo es Rusia, que ve perder un mercado de armamento en Siria, un puerto en mar cálido, la base naval de Tartus y un aliado en su estrategia de debilitador de la presencia de Occidente no solo en la región sino también en el Asia Central. El lento desplazamiento de EE. UU. desde Oriente Próximo hacia el mar de China obliga a

Occidente a establecer un nuevo *statu quo* en la región; en ese sentido, el anclaje de su seguridad en el pacto Turquía-Egipto podría asentar una geopolítica de seguridad estable en Oriente Próximo y esa es precisamente la apuesta de Washington, apoyada por la UE. Occidente tendría que tener siempre presentes los sentimientos de la juventud chií-iraní. El pueblo iraní es sensible a su imaginario histórico imperial y a su ambición de influencia hacia el Oeste (Iraq y Siria) y hacia el Este (Afganistán y Asia Central). El distanciamiento entre la vieja generación de los *mullah* y la joven generación de la Revolución Verde, va a tener que materializarse tarde o temprano al igual que pasó con el mundo árabe suní.

Nuestra conclusión es que Siria se encuentra en una posición bastante delicada dentro de la llamada «revolución árabe», ya que su propia complejidad sociocultural, la diversidad de sus grupos étnicos y religiosos, la disparidad entre el mundo urbano y rural, un punto que hasta el momento los analistas y los medios occidentales han pasado por alto y, sobre todo, la renuencia de sus élites urbanas a compartir el poder con los sectores menos favorecidos de la población, son todos elementos de peso que están sirviendo para justificar un enfrentamiento violento entre diversas facciones y grupos sociales, que a la larga sirve a ambos bandos en disputa: a la dinastía baasista porque así puede justificar la represión de la sociedad civil, y a los líderes rebeldes porque de esa manera pueden justificar a futuro el control del gobierno.

Tanto a Occidente como al mundo árabe musulmán le convienen en grado sumo apostar por la estrategia filosófica del *diálogo de civilizaciones*, propuesta por el dirigente iraní Muhammad Jatami[161], y de ningún modo fomentar el cho-

---

161. Jatami, Muhammad (2001). Una idea que ha tenido magnífica acogida en el ámbito del pensamiento humanista europeo-asiático; entre los pensadores que apoyan el diálogo, podemos señalar a Jurgen Haber-

que o el enfrentamiento inter-civilizacional propuesto por Samuel P. Huntington. Un eventual enfrentamiento inter-civilizacional no podría ser más que el preámbulo de una nefasta tercera guerra mundial que podría dar al traste con la estabilidad global. Estamos lejos de este escenario, aunque no según los rumores de la calle de los países musulmanes mediterráneos, no tan lejos de una polarización gradual de ambas esferas culturales que se pretenden presentar interesadamente como opuestas e irreconciliables.

No hay ningún enfrentamiento real o natural entre los pueblos que conforman el ámbito lingüístico, cultural, social y político del mundo árabe y musulmán. No está escrito que deba haber una guerra entre Irán y Estados Unidos, y lo mejor es que nunca sucediera. Los pueblos no suelen destruirse entre sí por razones de lenguas y costumbres, salvo en caso de manipulaciones ideológicas y políticas, sustentadas casi siempre en oscuros intereses económicos.

En el fondo del supuesto conflicto de civilizaciones entre Oriente y Occidente hay un profundo desconocimiento tanto de Oriente como de Occidente. En una idea germinal, base de la ética contemporánea, coinciden tanto el Cristianismo como el Islam y el confucianismo: no hay civilizaciones humanas contrapuestas, sino una sola civilización humana.

Pero el viejo deseo de Lawrence de la existencia de una confederación, una especie de unión política de los diferentes pueblos árabes, no se ha realizado hasta la fecha y parece un sueño difícil de volverse realidad.

mas, Ramin Jahanbegloo, Roger Garaudy, Fetullah Gülen, Hans Küng y Sami Naïr, entre otros.

14

Anexos

LA ÉLITE DEL RÉGIMEN SIRIO DE ASSAD.

BASHAR AL-ASSAD: Mariscal de Campo. Presidente vitalicio y cabeza del Estado. Educado en Inglaterra.

WAEL NADER AL-HALQI: Primer Ministro.

RIYAD FARID HIYAB: ex Primer Ministro. Desertó el 5 de agosto de 2012.

OMAR IBRAHIM GHALAWANYI: Primer Ministro (6-9 agosto 2012). Tecnócrata.

DAWUD RAYIHA: Ministro de Defensa. Muerto en atentado del 18 julio.

FAHED AL-YASEM EL-FREY: Jefe del Estado Mayor del Ejército. Nuevo Ministro de Defensa desde el 18 de julio

ALI ABDULLAH AYYUB: Jefe del Estado Mayor del Ejército desde el 18 de julio.

MAHER AL-ASSAD: Comandante de la Guardia Republicana.

MOHAMMED IBRAHIM AL-SHAAR: Ministro del Interior.

ASSEF SHAWKAT: Viceministro de Defensa y Jefe del Servicio de Inteligencia. Cuñado del presidente. Muerto en atentado el 18 julio.

HISHAM BEJTIYAR: Jefe del Servicio de Inteligencia. Muerto en atentado el 18 julio.

ALI MAMLUK: Teniente General y nuevo Jefe del Servicio de Inteligencia, desde fines de julio del 2012.

ABDUL FATAH QUDSIYA: General y nuevo viceJefe del Servicio de Inteligencia, desde fines de julio del 2012.

MOHAMMED DIB ZAITUN: General de división y jefe del «Directorio de Seguridad General», agencia de inteligencia civil más poderosa del régimen.

RUSTUM GHAZALI: General y jefe del «Directorio de Seguridad Política», agencia de inteligencia civil del régimen a cargo de grupos políticos (sirios o no) y asuntos árabes, palestinos e israelís.

HAFIZ MAJLUF: Coronel. Primo materno, amigo de la infancia de Bashar al-Assad y hermano menor de Rahmi Majluf. Jefe en Damasco del «Directorio de Seguridad General».

ZUHAIR HAMAD: General y vice-jefe del «Directorio de Seguridad General». Encargado directo de «supervisar» periódicos, canales de TV y webs sobre Siria, «del exterior incluido». Extorsión a periodistas.

WALID MUALLEM: Ministro de Asuntos Exteriores.

FARUK AL-SHAREH: Vicepresidente del Gobierno. Desertó a mediados de agosto de 2012.

HASSAN TURKMANI: Segundo Vicepresidente del Gobierno. Muerto en atentado el 18 julio.

MOHAMED ALI YAFARI: Comandante en Jefe de las fuerzas iraníes.

QASEM SOLEIMANI: Comandante de la Fuerza Quds (Jerusalén). Súbdito iraní.

HASAN NASRALLAH: Secretario General de Hezbollá. Súbdito libanés.

LA ÉLITE DE LOS REBELDES SIRIOS.

ABDULBASET SIEDA: Presidente del Consejo Nacional Sirio.

BURHAN GHALIUN: Presidente del Consejo Nacional Sirio (2011-hasta 10 junio 2012)

RIAD AL-ASAAD: Comandante del *Yeish el Ho*r (Ejército libre Sirio).

MUSTAFA AHMED AL-SHEIJ: Jefe del Alto Consejo Militar.

ALI SADREDDIN BAYANUNI: Jefe de los Hermanos Musulmanes.

ABDEL YABBAR AL-OQAIDI: Jefe del Consejo Militar en Alepo.

HAIZAM AL-MALEH, portavoz del Observatorio de Derechos Humanos.

SAMIR NASHAR: miembro del Grupo de la declaración de Damasco.

ALI IDRISS ABDEL JADER: General desertor del régimen.

MANAF TLASS, General desertor del régimen. «Cabeza de turco» para Turquía.

ABDUL RAZZAQ TLASS: Comandante del Batallón Faruk. Primo de Manaf.

ABDUL HALIM JADDA: antiguo Vicepresidente sirio (1984-2005).

SALIH MUSLIM, líder del Partido de Unión Democrática Kurdo.

ABDUL HAKIM BASHAR: líder del Consejo Nacional Kurdo.

ISMAIL HAMI: exlíder del Consejo Nacional Kurdo (Yekiti).

MAHDI AL-HARATI: llamado el «Ché» Libio (Héroe de guerra). Comandante en Jefe de los voluntarios libios. Líder de Liwaa al-Umma.

Glosario de términos básicos

Chiíes: grupo religioso musulman que considera a Alí Ibn Abi Talib, primo, yerno y padre de los nietos de Mahoma, como legítimo heredero espiritual del profeta Mahoma, en oposición a los suníes, que defienden la línea del califa Mu'awiya. El criterio de legitimidad es que solo un árabe de la tribu Quraish puede ser sucesor del profeta Mahoma, que pertenecía a esta tribu. Según estimaciones, son el 15% del conjunto de todos los musulmanes del mundo.

Hermanos Musulmanes: grupo islámico fundamentalista que propugna por una vía no violenta y paulatina de expansión del Islam, y posterior control del conjunto de la sociedad. Defienden la unidad absoluta de religión y Estado, un retorno al Islam del Profeta y una interpretación estricta de la Sharia. Se basa en una amplia red de servicios sociales, que conforman Estados paralelos a los Estados centrales. Presencia en Egipto, Siria, Palestina, Jordania, Emiratos del Golfo y Sudán.

Imperio (o su sinónimo imperialismo): Estado o conjunto de Estados que ejercen una política imperial de control o dominación, explícita o implícita, sobre otros Estados, regiones o pueblos. Por extensión, política de extensión de influencias de un país sobre otro, sobre la base o supuesta justificación de defender determinados intereses, valores o principios estratégicos.

«Revolución» Árabe: conjunto interconectado de revueltas, cambios de régimen, derrocamiento de dictaduras, movilización popular y cambio sociocultural que se inició a finales de 2010, tuvo su despunte a lo largo de 2011 y en la actualidad sigue vigente (2012). Incluye de una u otra forma a la mayoría, si no a todos, los países del mundo árabe bajo la forma de una demanda social de democratización de la cultura política y de las instituciones del Estado.

Salafismo: movimiento fundamentalista wahabista, dentro del Islam sunní, promovido por la monarquía saudí. Predican el retorno al Islam puro y primordial de los tiempos del Profeta. No considera válidas todas las interpretaciones humanas del Islam posteriores al profeta. Adquiere en los últimos tiempos la dimensión de una ideología no solo religiosa, sino también política que busca capitalizar la ola de cambios en los países árabes. Tiene una vía política moderada que propugna avances evolutivos hacia el control total de la sociedad, a través de una «re-islamización» por vías educativas; y una vía radical, llamada yihadismo, que defiende una conquista violenta del poder en nombre de los valores sagrados del Islam.

Sharia: la vía o el camino del Islam. Es el cuerpo doctrinal del derecho islámico: el conjunto sistemático de regulaciones morales, religiosas, sociales, jurídicas y civiles de la cultura islámica. Deriva del Corán y de todas sus interpretaciones y comentarios subsiguientes.

Suníes: grupo religioso islámico que considera al califa Mu'awiya, antiguo gobernador de Siria, como legítimo heredero espiritual del profeta Mahoma, en oposición a los chiíes, que defienden la línea del mártir Alí. Según estimaciones, son el 85% del conjunto de todos los musulmanes del mundo. Su interpretación del Islam se basa tanto en el Corán como en la Sunna (Hadiz), considerados como fuentes del derecho.

Sunna (o Hadiz): es el «acto de informar». Conjunto de ideas que se atribuyen al profeta Mahoma y que conforman, junto con el Corán, el significado total del Islam. Mientras el Corán es la palabra de Alá, la Sunna recoge la palabra del profeta Mahoma. Organizado en forma de breves relatos sobre la manera de pensar o actuar de Mahoma.

Tradición: todos aquellos sistemas culturales que se mantienen, refuerzan, renuevan y heredan, a lo largo del tiempo, en torno a unos códigos de valor, de normas morales y comportamientos. En este libro, utilizamos el concepto de tradición para expresar dos fuerzas interconectadas: el imaginario de comunidad de parentesco (histórico, genealógico), y el imaginario de una misma religión universal (una ligadura sagrada).

Wahabismo: doctrina emanada del sunismo, pero en su versión extrema, que considera que tanto el Corán como la Sunna (Hadiz) son la explicación detallada de la Ley, sin forma alguna de interpretación posterior o adecuación a nuevos contextos. Conciben el derecho como una aplicación literal de los textos sagrados. En términos ideológicos, es un movimiento puritano, con fuertes prohibiciones de conducta y restricciones morales. Predominante en Arabia Saudí, donde es apoyada por la dinastía gobernante Al-Saud.

Yihadismo: palabra utilizada genéricamente para designar una corriente política violenta, con orígenes salafistas, que propugna por la vía armada para la conquista del poder absoluto en las sociedades musulmanas. Se propone «re-islamizar» a las sociedades musulmanas, combatir todo tipo de influencias liberales y modernizadoras, y de este modo extender su influencia internacionalmente a nivel global. Critican tanto a los salafistas moderados, por su insistencia en un programa no violento, como a los Hermanos Musulmanes, por su supuesta connivencia con formas occidentales de gobierno, consideradas corruptas.

Bibliografía

Abun-Nasr, Jamil M., 1975, *A History of the Maghrib*. Cambridge, Cambridge University Press.

Affaya, Mohammed Noureddine. 2003, «La confianza y el cambio del paradigma migratorio». En: Revista *CIDOB D´Afers Internacionals*. 61-62, pp. 101-116.

Ahmed, Akbar S.; Hart, David M. (Eds), 1984, *Islam in Tribal societies from the Atlas to the Indus*. Londres, Routledge & Kegan Paul.

Ajami, Fouad. 1981, *The Arab predicament. Arab political thought and practice since 1967*. Cambridge University Press.

Arístegui, Gustavo de. 2005, *La Yihad en España, La obsesión por reconquistar Al-Ándalus*. La Esfera de los Libros. Madrid.

Arteaga, F., 2012, «Siria: la caída del régimen, entre la intervención externa y la guerra civil». *ARI* número 93.

Atran, Scott., 2011, «Moral Imperatives and Democratic Dynamics in the fight against AQAP in the context of the Arab Spring: Policy and Research Challenges». En: Chapman, Abigail & Adelman, Janice. *Influencing Violent Extremist Organization Pilot Effort: Focus on Al Qaeda in the Arabian Peninsula* (AQAP). OSD. Washington.

Atran S.; Axelrod R.; Davis, R., 2007, «Sacred barriers to conflict resolution». *Science* 317:1039-1040.

Aurenche, Olivier. 1996, «Famille, Fortune, Pouvoir et architecture domestique dans les villages du proche Orient». En: Klaas. R. (Ed). *Houses and Households in Mesopotamia*. Veenhof, Papaers Read at the 40th RAI, Leiden, july 5-8, 1993, NINO, Estambul.

Ball, Warwick. 2000, *Rome in the East: The Transformation of an Empire*. Routledge.

Barth, F., 1960, «The system of social stratification in Swart, North Pakistan». Leach E. (Ed), «Aspects of caste in South India, Ceylon and North-West Pakistan», Cambridge Papers in *Social Anthropology*, núm. 2, pp. 113-146, Cambridge University Press.

—(Ed), 1976, *Los grupos étnicos y sus fronteras*. México. F.C.E.

Batatu, Hanna. 1981, «Some Observations on the Social Roots of Syria's Ruling, Military Group and the Causes of Its Dominance». *Middle East Journal* 35, no. 3, 331-332.

—, 1999, S*yria's Peasantry, the Descendants of Its Lesser Rural Notables, and Their Politics*. Princeton University Press.

Ben-David, Yosef. 1999, «The Bedouin in Israel», Israeli Minister of Foreign Affairs.

Berque, Jacques. «Qu´est-ce que c´est une «Tribu» Nord-Africaine». En: *Maghreb: Histoires et Societes*, Argel, Sned y Gembloux: Duculot, pp. 22-34.

Bissel, Tom. 2003, *Chasing the Sea: Lost Among the Ghosts of Empire in Central Asia*.

Bloom, Harold. 1990, *The Book of J.*, Translated from the Hebrew by David Rosenberg, interpreted by Harold Bloom, Nueva York, Grove Press.

Bobek, Hans. 1950, «Aufriss eine verglaichende Sozialgeographie». En: *Mitteilungen der Geographischen Gesellschaftin wien*, pp. 34-35.

Braizat, Fares. 2006, «How do Arabs Perceive the West». *Strategy Report*, vol. 2, n. 15, Centre for Strategic and International Studies, Washington DC.

Coulson, Noel J., 1998. *Historia del Derecho Islámico*. Edicions Bellaterra. Barcelona.

Chatty, Dawn. 2006, «William and Fidelity Lancaster». *Nomadic Societies in the Middle East and North Africa: Entering the 21st Century*. Leiden, Brill.

Chelhod, Joseph. 1971, *Le droit dans la societé bédouine. Paris.*

Choueiri, Y. M., 1997, *Islamic Fundamentalism*. London and Washington, Pinter.

Eguren, Joaquín. 2009, *Tribus, pueblos, Islam y naciones. La identidad étnica rifeña en la migración transnacional.* Tesis de Doctorado, Departamento de Antropología Social, Universidad Autónoma de Madrid.

Ehlers, Eckart. 1978, «Rentenkapitalismus und Stadtentvicklung im Islamichen Orient». En: *Erkunde.* pp. 124-142.

Eisenstadt, L. C. M., 2007, «Tribal Engagement lessons learned». *Military Review*, september-october, pp. 26.

Farzamnia, Nadereh. 2009, Irán. *De la revolución islámica a la revolución nuclear*, Editorial Síntexis, Madrid.

Friedman, Richard. 1987, *Who Wrote the Bible?*, San Francisco. Harper.

Garfield, Brian. 2007, *The Meinertzhagen Mystery*, Washington DC, Potomac Books, Washington.

Gil, Jesús; Lorca, Alejandro; James, Ariel José. 2011a, «Libia y Yemen: Comunidad Tribal y Guerra Civil». *Revista Política Exterior.* Estudios de Política Exterior. S. A., núm. 143, septiembre-octubre, vol. XXV, Madrid.

—2011b, *Tribus, Armas y Petróleo. La transición hacia el Invierno Árabe.* Algón Editores. Granada.

—2012a, «Grupos étnicos y facciones en la lucha de poder siria». En: *Afkar/Ideas.* Revista Trimestral para el diálogo entre el Magreb, España y Europa, núm. 34, 06/12, Madrid.

—2012b, «Siria: de la Guerra Civil a la Guerra Social». En: *Instituto Español de Estudios Estratégicos* (IEEE), núm. 59, 8 de agosto, Ministerio de Defensa, Gobierno de España.

Ginges, J. & Atran, S., 2011, «War as a Moral Imperative: Not Practical Politics By Other Means». *Proceedings of the Royal Society – B.*, february 16, doi: 10.1098/rspb.2010.2384.

Gluckman, Max. 1968, *Politics, law and ritual in tribal society.* Aldine.

Gutiérrez de Terán, Ignacio; Álvarez-Ossorio, Ignacio; Hamad, Leila; Lampridi-Kemou, Athina; Martínez, Guadalupe; Mesa, Luis; Ruiz de Elvira, Laura. 2011. *Informe sobre las Revueltas Árabes*, Ediciones del Oriente y del Mediterráneo, Madrid.

Hart, David M., 1997, *Estructuras tribales precoloniales en Marruecos bereber, 1860-1933. Una reconstrucción etnográfica en perspectiva histórica*, Universidad de Granada.

Hoffman, B. & McCormick, G., 2004, «Terrorism, signaling, and suicide Attack». *Studies in Conflict & Terrorism* 27:243–281.

Hole, F., 2003, «100 Years of Land Use Change in the Khabur Drainage, Syria». *AGU Chapman Conference* on Ecosystem Interactions with Land use Change. June 14-18.

Human Rights Council, 2012, *Report of the independent international commission of inquiry on the Syrian Arab Republic*, 15 august, United Nations.

Jahanbegloo, Ramin. 06/8/2012, «Teherán y la «Primavera Árabe». En: *El País*.

James, Ariel José. 2009, *Eticidad y Diálogo entre Culturas. Pasos hacia un marco compartido de valores en la era global*, Ediciones Donaire & De la Plaza, Madrid.

—, 2011, «La revolución Sherezada». Periódico «M de Marruecos». *Tribuna Libre*, mayo-junio, Blog «Tayín de Ideas», jueves 24 de mayo de 2012.

Janusch, Andreas. 2011, «Las religiones de la ruta de la Seda». En: Lorca, A; Gil, J. (Dirs.), *Curso la ruta de la seda del siglo XXI*, Cursos Oficiales de Humanidades Contemporáneas, Universidad Autónoma de Madrid.

Jatami, Muhammad. 2001, *El Diálogo entre Civilizaciones y el Mundo del Islam*. Universidad Nacional de La Plata e Instituto Argentino de Cultura Islámica, Buenos Aires.

Khalidi, Walid (Ed.), 1992, *All That Remains. The Palestinian Villages Occupied and Depopulated by Israel in 1948*. IoPS, Washington.

Khosrokhavar, Farhad. 1998, «L'Islam des nouvelles générations». *Homme et migrations*, no. 1211.

—, 2011, «Jihadist Ideology: The Anthropological Perspective». The Centre for Studies in Islamism and Radicalization (CIR). Aarhus C. Scandinavian Book A/S.

Khoury, Philip S., 1990, *Tribes and state formation in the Middle East*. University of California Press.

Klugman, Jeni (Dir), 2011, *Human Development Report. Sustainability and Equity: A Better Future for All. United Nations,* Development Programme, New York.

Korda, Michael. 2010, *Hero: The Life and the legend of Lawrence of Arabia*. Harper.

Larson, Donald F; Lampietti, J.; Gouel, Ch; Cafiero, C.; Roberts, J., 2012, En: «Food Security and Storage in the Middle East and North Africa». *Policy Research Working Paper*, 6031. World Bank.

Lattimore, Owen. 1951, *Inner Asian Frontiers of China*. New York.

Lévi-Strauss, Claude. 1997, *Tristes Trópicos*, Paidós.

Mckinder, Halford John. 1904, «The geographical pivot of history». En: *The Geographical Journal*, Londres.

Maíllo Salgado, Felipe. 1996, *Vocabulario de historia árabe e islámica*, Akal, Madrid.

Milliot, Louis. 1932, «Les Institutions Kabyles». En: *Revue des etudes Islamiques*, Paris, pp. 127-174.

Osbert Lancaster, William. 1997, *The Rwala Bedouin Today*, Cambridge, Cambridge University Press.

—, 1998, «Who are these nomads? What do they do? Continuous Change or Changing Continuities?». En: Jinat, Joseph and Khazanov, Anatoly M. (eds), *Changing Nomads in a Changing World*, Brighton, pp. 24-38.

Paéz, Jerónimo. 09/07/2004, «Islam. Teocracia o Democracia». En: *El País*. Madrid.

Planhol, Xavier de. 1993, *Les nations du Prophete. Artheme Fayard*. Paris.

Richard, Suzanne. 2003, *Near Eastern Archaeology: A reader.* Eisenbrauns, Indiana.

Rae, J., Arab, G., Nordblom, T., Jani, K., and Gintzburger, G., *Tribes, State, and Technology adoption in arid land*

Management, Syria. CAPRI papers, 2001, Washington DC, p. 20.

Rodinson, Maxime. 1957, «La vie de Mahomet et le problema sociologique des origines de L´Islam». En: *Diogene*, n. 20, pp. 37-64.

—, 2005, *Los árabes*, 2.ª edición, Madrid, Siglo XXI Editores.

Rogan, Eugene. 2010, *Los árabes. Del Imperio otomano a la actualidad*, Crítica, Barcelona.

Rozin, P. & Wolf, S., 2008, «Attachment to land: The case of the land of Israel for American and Israeli Jews and the role of contagion». *Judgment and Decision Making* 3:325–334.

Sánchez Andrés, Antonio. 2006, *Relaciones político-económicas entre Rusia y los países del norte de África.* Editado RIElcano, Madrid, septiembre, Departamento de Economía Aplicada, Universidad de Valencia.

Sahlins, Marshall D., 1961, «The segmentary lineage: an organization or predatory expansion». En: *American Anthropologist*, 63, pp. 322-343.

Schlaim, Avi. 2012, *El Muro de Hierro. Israel y el Mundo árabe*, Almed Ediciones, Granada.

Seale, Patrick. 1989, *Assad: The Struggle of the Middle East,* Berkeley.

Sellier, Jean; André Sellier. 1993, A*tlas des peuples D'Orient. Moyen Orient, Caucase, Asie Centrale,* Éditions La Découverte, Paris.

Shah, Tahir. 2009, *Arabian Nights. Bantam*, Nueva York.

Sourdel, Dominique. 1976, *Historie des Arabs*, Presses Universitaires de France, Paris.

Tainio, Lauri. 2011, «Kosovo Turks: From Privileged status to fear of assimilation». *Studia Orientalia* 111.

Tanner, C. & Medin, D., 2004, «Protected values: No omission bias and no framing effects». *Psychonomic Bulletin Review* 11:185-191.

Téllez, Virtudes. 2011, *Contra el estigma: jóvenes españoles/ as y marroquíes transitando entre la ciudadanía y la «musulmaneidad»*, Tesis Doctoral, Departamento de

Antropología Social, Universidad Autónoma de Madrid, Madrid.

The World Factbook 2009. Washington, DC, Central Intelligence Agency, 2009.

Thomas Domenech, José María. 1983, *Atlas de las razas humanas*, Ediciones Jover.

Watt, M. W., 1961, *Muhammad: Prophet and Statesman*, Oxford University Press.

Weulersse, Jacques. 1946, *Paysans de Syrie et du Proche-Orient*, Paris.

Wihtol de Wenden, C., 1990, «Naissance d'une 'beurgeoisie', l'évolution du mouvement associatif issu de l'immigration de culture musulmane». *Migration Société*, vol. 2, no. 8, pp. 10-11.

Wilson, Rodney. 1991, *Politics and the Economy in Jordan.* Routledge.

World Bank and the Food and Agriculture Organization of the United Nations. 2012, *The Grain Chain: Food Security and Managing Wheat Imports in Arab Countries*, Washington DC, World Bank.

Zarate, J. & Gordon, D., 2011, «The battle for reform with Al-Qaeda». *Washington Quarterly* 43:103-122.

Ziadeh, Radwan. 2005, *Decision Making and Foreign Policy in Syria*, Cairo.

—, 2007, *The Muslim Broterhood in Syria and the concept of «Democracy».*

Fuentes de medios
de comunicación:

Periódicos *Zaman* y *Hürriyet* (Turquía).
Al Ahram (Egipto).
Al-Jabar (Argelia).
al-Watan (Libia).
Revista *Magreb Machreq* (Marruecos).
Al-Safir y *Al-Ajbar* (Siria).
al-Sharq al-Aswat (Jordania).
Webs de Sanna (Siria).
Al Yazira (Qatar).

Mapas

MAPA I. «Mapa de Siria y países vecinos, según el régimen de al-Assad. Figura la grafía arabo-siria de las ciudades así como territorios no reconocidos por la comunidad internacional. Los altos del Golán aparecen como un territorio sirio, p. ej.»

MAPA 2. Mapa de presas en los ríos Éufrates y Tigris (según AQUASTAT, Geo-referenced database on Middle East dams, 2011, Figure 3).

Autores

JESÚS GIL FUENSANTA

Profesor en el Seminario de Estudios Orientales Adolfo de Rivadeneyra, de la Universidad Autónoma de Madrid (UAM); imparte docencia sobre tribus y robo de patrimonio, arte y arqueología en Oriente Próximo, así como Historia de Asia Central. Trabaja en el campo desde finales de los 80, en países con mayoría musulmana, y dirige la Misión Arqueológica Española en Turquía, Proyecto Tilbes, centrado en el Este del país, desde 1995. Secretario General de la Asociación Española de Orientalistas (AEO). Autor de Breve Historia de Turquía (Aldebarán, Madrid / Cuenca). Ha publicado más de 50 artículos científicos en diversos idiomas, así como contribuciones a libros internacionales: Prehistory of Jordan II (Freie Universität Berlin / Departament of Antiquities and Archaeology of Jordan, 1996), L'archeologie de l'empire achéménide: nouvelles recherches. (Collegue de France / Editions de Boccard, 2005), y Euphrates river Valley settlement: the Carchemish sector in the third millennium BC (Oxford, 2007).

ARIEL JOSÉ JAMES

Antropólogo y Politólogo. Doctor en Antropología Social, Universidad Autónoma de Madrid (UAM). Licenciado en Ciencia Política. Investigación Posdoctoral sobre la relación entre conflicto étnico y gobernabilidad institucional (Unión Europea). Experiencia de campo en España, Marruecos, Colombia, Guatemala, Perú y Estados Unidos. Consultor de proyectos de Desarrollo Humano para diferentes gobiernos,

ONG, y organismos multilaterales. Ha ejercido la docencia en la Universidad Autónoma de Madrid, Universidad del País Vasco, Universidad de Valencia y Universidad Carlos III de Madrid. Autor de: «Eticidad y Diálogo entre Culturas. Pasos hacia un Marco Compartido de Valores en la Era Global» (2009). Coautor de: «Chamanismo: el otro hombre, la otra selva, el otro mundo» (2004); «Tribus, Armas y Petróleo. La Transición hacia el Invierno Árabe» (2011).

ALEJANDRO LORCA

Profesor Honorario del Departamento de Análisis Económico y Cátedra Jean Monnet (UAM). Doctor en Economía, Universidades de Barcelona y Northwestern (EE. UU.). Docente en diez universidades en 8 países. Consultor Experto desde 1965 en diversas empresas e instituciones internacionales y tres diferentes gobiernos. Director-Coordinador del Máster en Relaciones Internacionales, Geopolítica y Geoeconomía (MERIGG). Miembro de 11 instituciones y organismos europeos. Presidente de la AEO del Orientalismo (que se compone mayoritariamente de profesores, investigadores y diplomáticos) y la asociación de amistad hispano-iraní (ASAHI). Autor de más de un centenar de artículos de economía y relaciones internacionales, así como 7 libros, entre ellos: Tres Poderes, Tres Mares, Dos Ríos. (Ediciones Encuentro, Madrid, 1996).